Nicolás Gómez Dávila

ESCOLIOS
A UN
TEXTO IMPLÍCITO
Selección

Nicolás Gómez Dávila

ESCOLIOS A UN TEXTO IMPLÍCITO
Selección

Prólogo
MARIO LASERNA PINZÓN

Epílogo
FRANCO VOLPI

Villegas editores

Libro editado en Colombia por
VILLEGAS EDITORES S. A.
Avenida 82 No. 11-50, Interior 3
Bogotá, D.C., Colombia.
Conmutador (57-1) 616 1788
Fax (57-1) 616 0020 / (57-1) 616 0073
e-mail: informacion@VillegasEditores.com

© SUCESORES DE NICOLÁS GÓMEZ DÁVILA
© VILLEGAS EDITORES, 2001

Dirección, diseño y edición
BENJAMÍN VILLEGAS

Selección de textos
ROSA EMILIA GÓMEZ DE RESTREPO

Departamento de Arte
HAIDY GARCÍA

Coordinación
DANIELA MEJÍA LAGO

Primera edición (selección), octubre de 2001
Primera reimpresión, octubre de 2002

ISBN 958-8160-02-2

Preprensa ZETTA COMUNICADORES

Impreso en Colombia por QUEBECOR WORLD BOGOTÁ S. A.

VillegasEditores.com

Contenido

Contents

Nicolás Gómez Dávila,
El Hombre

Mario Laserna Pinzón

Quienes atraídos por su figura cercana a los dos metros, bigote, tabaco y bastón lo veían caminar pausadamente por el centro de Bogotá, se sorprendían tanto por la familiaridad con que lo saludaban lustrabotas y vendedores de lotería, −"ahí va don Nicolás"−, como por la calma con que miraba las vitrinas en su recorrido del medio día camino del Jockey Club. Esto ocurría cuando salía de su casa una o dos veces por semana para asistir a una junta bancaria o visitar su almacén de telas de la calle doce.

Otra cosa muy distinta era verlo en su biblioteca, leyendo, tomando notas o conversando con algunos pocos visitantes, con quienes comentaba todo lo susceptible de afectar la condición humana desde las innumerables perspectivas de la historia. Escuchando a "Colacho", quienes fuimos sus contertulios, aprendimos mucho, muchísimo. No sólo por el contenido sino por el lenguaje en que hacía sus comentarios, despertaba capacidades adormiladas en sus interlocutores. Todo bajo el supuesto de que las ideas aparecen, no tanto como consecuencia de un trámite lógico, sino de un acto creativo de la mente, mediante un proceso de comprensión debidamente estimulado por un lenguaje adecuado.

Fundamental punto de partida para la lucidez de las ideas de Nicolás Gómez Dávila es el contexto religioso y, mayormente, la creencia y absoluta confianza en Dios. En "Colacho" la tesis de la primacía del factor racial y geográfico en la capacidad de concebir las cosmovisiones de mayor proximidad a la verdad última, acentuaba su desdeño por el célebre "espíritu geométrico", a menos que éste fuese manipulado por una clase dirigente consciente de sus oportunidades y responsabilidades y con capacidad para entender el proceso histórico y sus diversos componentes. Crear y mantener una conciencia crítica e informada es la misión de las llamadas "minorías ociosas" en toda civilización que merezca el respeto de la posteridad.

¿Cómo influye lo local en un pensamiento que apunta a lo universal? La cuestión es más sencilla de lo que parece. Su privilegiada posición social y económica, un bachillerato francés, una férrea disciplina y en especial el contenido de su biblioteca, lo aíslan de lo inmediato. Nicolás Gómez Dávila se sumerge en su biblioteca y desde 1949 no vuelva a salir de su encierro. ¿Es, entonces, un desadaptado? De ninguna manera. Su notable obra nada tiene que ver con el ambiente cultural ni social que lo rodea, de la misma manera que un creador matemático no requiere que su pensamiento se nutra o dependa de las experiencias relacionadas con su cotidianidad.

¿Dónde y cómo se inician sus elucubraciones? Alguna vez me respondió: –Es como si me preguntaras por qué tengo tal tipo de nariz y no otra. No sé... ni me interesa averiguarlo. Una vez surgen ciertos temas, mi

mente los elabora de acuerdo con estos señores –se-
ñalaba su biblioteca– y es sobre esa materia prima que
yo trabajo–.

Es la mente la que suministra sus propias experiencias y
vivencias, que luego se convierten en temas de reflexión.
Nicolás Gómez Dávila enfoca la totalidad de los recursos materiales a su disposición hacia la construcción de un edificio intelectual con base en la paciencia,
el trabajo y el talento. Construcción que le da sentido
a su existencia y que va mucho más allá del simple
"gozar la vida". Es lo opuesto a la idea de una vida
aburguesada en función del "dinero", el "éxito" y el
"aumentar el paquete", donde no se alcanzan a proponer otros fines y donde ni la imaginación ni la cultura
permiten descubrir el camino para llegar a las ideas.
Confieso que esta posición de "Colacho" influyo mucho en mí. Decidí, a pesar de las expectativas familia-
res, cortar con mis estudios de derecho y buscar otro
camino. A los 20 años partí para la Universidad de
Columbia a estudiar física y matemáticas. Fue de allí
de donde surgió la idea de la Universidad de los Andes (1948). La idea poco servía para hacer dinero, pero
pretendía, mediante la aplicación del modelo norteamericano, reorientar y modernizar la actividad uni-
versitaria en el país. Sin la guía de "Colacho" y sin la
ayuda de mi padre que suministró parte de los recursos necesarios, el proyecto de los Andes no habría sido
posible. "Trabajar con la plata del míster", fórmula un
tanto picaresca y que, análogamente, era lo que hacía
Gómez Dávila leyendo y discerniendo los clásicos del
pensamiento universal.

Un historiador contemporáneo de la filosofía europea sugiere con referencia a América Latina que el siglo XX se podría llegar a conocer como el siglo de Nicolás Gómez Dávila. Es difícil aventurarse a hacer tales pronósticos. De lo que sí estoy seguro es de que difícilmente aparecerá en las próximas décadas un pensador y un erudito de su talla. Un sistema educativo puede planear suministrar a la sociedad que lo impone, competentes médicos, ingenieros, urbanistas, abogados. Empero, un pensador del talante universal de Gómez Dávila sólo se produce, sin importar cuál sea el sistema educativo, por intervención de la Divina Providencia. De ahí que sea tan difícil escribir lo que fue como persona, como amigo y como devoto cultivador de la verdad, el bien y la belleza. Ojalá que, desde donde esté, perciba mi tren de pensamiento y mi esfuerzo por transmitir en un breve esbozo todo lo que aprendí y recibí de él, y juzgue, con benévola ironía, lo que he escrito.

Quizás soy el menos indicado para escribir estas líneas introductorias a la persona, la obra y el significado intelectual y humano de Nicolás Gómez Dávila. Pero, precisamente, por haberlo tratado por más de cincuenta años entiendo la dificultad de captar su nobleza humana y la excelsa dimensión de su espíritu como pensador y erudito del siglo XX. Sólo quienes hayan meditado sobre sus escritos y experimentado su profunda y atropelladora lucidez, entenderán el sentido de frustración que me embarga. Confío en que mis palabras no sean interpretadas como testimonio de mi capacidad de entender su obra, para mí inconmensurable.

Más bien, espero que se entiendan como una muestra de gratitud y profundo afecto para quien continúa instruyéndome sobre la grandeza y las miserias de la experiencia humana.

MARIO LASERNA PINZON. *Graduado en Matemáticas, Física y Humanidades en la Universidad de Columbia, Estados Unidos (1948). Postgrado en filosofía de las Universidades de Princeton y Heidelberg. Ph. D. en filosofía de la Universidad Libre de Berlín.*

Fundador de la Universidad de los Andes, Bogotá (1949). Rector de la Universidad Nacional de Colombia (1958-1960). Profesor del Instituto de Filosofía de la Universidad de Viena (1986-1991). Profesor de ciencias políticas y filosofía en la Universidad Maximilian de Munich (1986). Profesor invitado un semestre, Universidad de Santiago de Compostela.

Profesor invitado a la Academia Diplomática de Viena (1986): "Ocho lecciones sobre la Interpretación de la Historia de América Latina". Seminario sobre "Filosofía Kantiana" para doctorantes en el Instituto de Filosofía, de la Universidad de Viena (1990).

Algunas de sus más destacadas conferencias: En el Smith College sobre Latinoamérica, "Conflictos presentes surgidos de decisiones pasadas"; Seminario Paul-Lorezen, Erlangen, "La geometría de Kant y la Experiencia"; Coloquio de Filosofía en la Universidad de Columbia, Nueva York, sobre la "Geometría Kantiana entre Frege y Hilbert"; en El Ateneo, Madrid, "Ciencia y Método en Leviatán" en la Universidad

de Maryland, "Descartes, la Geometría Analítica y su antici-
pación de la Meta-Matemática de Hilbert de 1899"; Univer-
sidad Danubiana de Belgrado, "Ecología y Desinformación".

Político y diplomático, es autor de varias obras, entre otras,
de: Estado Fuerte o Caudillo (Bogotá 1962); Individuo y So-
ciedad (Bogotá 1969); Estado, Desarrollo, Consenso y De-
mocracia (Bogotá 1976); La Revolución Para Qué?;
Subjetivismo y Objetivismo en la Desinformación; Bolívar,
un Euroamericano Frente a la Ilustración (Bogotá 1982);
Dos ensayos sobre la posibilidad de la Historia (Uniandes,
Bogotá 1999).

¡Oh! Pues si no me entienden –respondió Sancho– no es maravilla que mis sentencias sean tenidas por disparates.

Ολιγστιχα μεν δυναμεως δε μεστα
DIOGENES LAERTIUS
(De Clarorum Philosophorum Vitis - VII. 165)

A hand, a foot, a leg, a head,
Stood for the whole to be imagined.
W. SHAKESPEARE
(The Rape of Lucrece - 1427-8).

Aux meilleurs esprits
Que d´erreurs promises!
Ni vu ni connu,
Le temps d´un sein nu
Entre deux chemises!
P. VALÉRY
(Charmes - O. C. 137).

Dass es sich hier um die lange Logik einer
ganz bestimmten philosophischen Sensibilität
handelt und nicht um ein Durcheinander
von hundert beliebigen Paradoxien
und Heterodoxien, ich glaube, davon
ist auch meinen wohlwollendsten Lesern
nichts aufgegangen.
F. NIETZSCHE
(Briefe - III. 281).

Et miraris quod paucis placeo, cui cum
paucis convenit, cui omnia fere aliter
videntur ac vulgo a quo semper quod longissime
abest id penitus rectum iter
censeo.
F. PETRARCA
(Epist. rer. famil. - XIX. 7).

Escolios a un Texto Implícito

Tomo I

(Selección)

— Los hombres cambian menos de ideas que las ideas de disfraz. En el decurso de los siglos las mismas voces dialogan.

— El lector no encontrará aforismos en estas páginas. Mis breves frases son los toques cromáticos de una composición "pointilliste".

— Es fácil creer que participamos de ciertas virtudes cuando compartimos los defectos que implican.

— Quienes gimen sobre la estrechez del medio en que viven pretenden que los acontecimientos, los vecinos, los paisajes, les den la sensibilidad y la inteligencia que la naturaleza les negó.

— Adaptarse es sacrificar un bien remoto a una urgencia inmediata.

— La madurez del espíritu comienza cuando dejamos de sentirnos encargados del mundo.

— Nada suele ser más difícil que no fingir comprender.

— El amor es el órgano con que percibimos la inconfundible individualidad de los seres.

— La libertad no es fin, sino medio. Quien la toma por fin no sabe qué hacer cuando la obtiene.

— Satisfacer el orgullo del hombre es quizá más fácil de lo que nuestro orgullo imagina.

— Hay mil verdades, el error es uno.

— Nuestra última esperanza está en la injusticia de Dios.

— Para Dios no hay sino individuos.

— Cuando las cosas nos parecen ser sólo lo que parecen, pronto nos parecen ser menos aún.

— El psicólogo habita los suburbios del alma, como el sociólogo la periferia de la sociedad.

— Una presencia voluptuosa comunica su esplendor sensual a toda cosa.

— Todo fin diferente de Dios nos deshonra.

— Solo la libertad limita las abusivas intervenciones de la ignorancia.

La política es la ciencia de las estructuras sociales adecuadas a la convivencia de seres ignorantes.

— Una "sociedad ideal" sería el cementerio de la grandeza humana.

— Después de toda revolución el revolucionario enseña que la revolución verdadera será la revolución de mañana.

El revolucionario explica que un miserable traicionó la revolución de ayer.

— Los parlamentos democráticos no son recintos donde se discute, sino donde el absolutismo popular registra sus edictos.

— El burgués entrega el poder para salvar el dinero; después entrega el dinero para salvar el pellejo; y finalmente lo ahorcan.

— Burguesía es todo conjunto de individuos inconformes con lo que tienen y satisfechos de lo que son.

— Los marxistas definen económicamente a la burguesía para ocultarnos que pertenecen a ella.

— El militante comunista antes de su victoria merece el mayor respeto.
Después no es más que un burgués atareado.

— El amor al pueblo es vocación de aristócrata. El demócrata no lo ama sino en período electoral.

— A medida que el estado crece el individuo disminuye.

— No logrando realizar lo que anhela, el "progreso" bautiza anhelo lo que realiza.

— La técnica no cumple los viejos sueños del hombre, sino los remeda con sorna.

— Cuando se deje de luchar por la posesión de la propiedad privada se luchará por el usufructo de la propiedad colectiva.

— La movilidad social ocasiona la lucha de clases. El enemigo de las clases altas no es el inferior carente de toda posibilidad de ascenso, sino el que no logra ascender cuando otros ascienden.

— Cierta manera desdeñosa de hablar del pueblo denuncia al plebeyo disfrazado.

— El hombre cree que su impotencia es la medida de las cosas.

— La autenticidad del sentimiento depende de la claridad de la idea.

— El vulgo admira más lo confuso que lo complejo.

— Pensar suele reducirse a inventar razones para dudar de lo evidente.

— Negarse a admirar es la marca de la bestia.

— El que renuncia parece impotente al que es incapaz de renunciar.

— No hay substituto noble a la esperanza ausente.

— Más seguramente que la riqueza hay una pobreza maldita: —la del que no sufre de ser pobre sino de no ser rico; la del que tolera satisfecho todo infortunio compartido; la del que no anhela abolirla, sino abolir el bien que envidia.

— El hombre prefiere disculparse con la culpa ajena que con inocencia propia.

— El tiempo es menos temible porque mata que porque desenmascara.

— Las frases son piedrecillas que el escritor arroja en el alma del lector.
El diámetro de las ondas concéntricas que desplazan depende de las dimensiones del estanque.

— El genio es la capacidad de lograr sobre nuestra imaginación aterida el impacto que cualquier libro logra sobre la imaginación del niño.

— El filósofo no es vocero de su época, sino ángel cautivo en el tiempo.

— Tener razón es una razón de más para no lograr ningún éxito.

— Las perfecciones de quien amamos no son ficciones del amor. Amar es, al contrario, el privilegio de advertir una perfección invisible a otros ojos.

— Ni la religión se originó en la urgencia de asegurar la solidaridad social, ni las catedrales fueron construidas para fomentar el turismo.

— Todo es trivial si el universo no está comprometido en una aventura metafísica.

— Mientras más graves sean los problemas, mayor es el número de ineptos que la democracia llama a resolverlos.

— La legislación que protege minuciosamente la libertad estrangula las libertades.

— Más repulsivo que el futuro que los progresistas involuntariamente preparan, es el futuro con que sueñan.

— La presencia política de la muchedumbre culmina siempre en un apocalipsis infernal.

— Lucha contra la injusticia que no culmine en santidad, culmina en convulsiones sangrientas.

— La política sabia es el arte de vigorizar la sociedad y de debilitar el Estado.

— La importancia histórica de un hombre rara vez concuerda con su naturaleza íntima.
La historia está llena de bobos victoriosos.

— Espasmos de vanidad herida, o de codicia conculcada, las doctrinas democráticas inventan los males que denuncian para justificar el bien que proclaman.

— La historia sepulta, sin resolverlos, los problemas que plantea.

— El escritor procura que la sintaxis le devuelva al pensamiento la sencillez que las palabras le quitan.

— Nadie tiene capital sentimental suficiente para malgastar el entusiasmo.

— La momentánea belleza del instante es lo único que concuerda en el universo con el afán de nuestras almas.

— En la sociedad medieval la sociedad es el estado; en la sociedad burguesa estado y sociedad se enfrentan; en la sociedad comunista el estado es la sociedad.

— El azar regirá siempre la historia, porque no es posible organizar el estado de manera que no importe quien mande.

— Comenzamos eligiendo porque admiramos y terminamos admirando porque elegimos.

— Una providencia compasiva reparte a cada hombre su embrutecimiento cotidiano.

— La mayor astucia del mal es su mudanza en dios doméstico y discreto, cuya hogareña presencia reconforta.

— La vulgaridad consiste en pretender ser lo que no somos.

— La idea inteligente produce placer sensual.

— El libro no educa a quien lo lee con el fin de educarse.

— El placer es el relámpago irrisorio del contacto entre el deseo y la nostalgia.

— Para las circunstancias conmovedoras sólo sirven lugares comunes. Una canción imbécil expresa mejor un gran dolor que un noble verso.
La inteligencia es actividad de seres impasibles.

— La sabiduría no consiste en moderarse por horror al exceso, sino por amor al límite.

— No es cierto que las cosas valgan porque la vida importe. Al contrario, la vida importa porque las cosas valen.

— La verdad es la dicha de la inteligencia.

— En el auténtico humanismo se respira la presencia de una sensualidad discreta y familiar.

— Quien no vuelva la espalda al mundo actual se deshonra.

— La sociedad premia las virtudes chillonas y los vicios discretos.

— Sólo tenemos las virtudes y los defectos que no sospechamos.

— El alma crece hacia adentro.

— Para excusar sus atentados contra el mundo, el hombre resolvió que la materia es inerte.

— Sólo vive su vida el que la observa, la piensa, y la dice; a los demás su vida los vive.

— Escribir corto, para concluir antes de hastiar.

— Nuestra madurez necesita reconquistar su lucidez diariamente.

— Pensar suele ser contestación a un atropello más que a una interrogación.

— El ironista desconfía de lo que dice sin creer que lo contrario sea cierto.

— La belleza no sorprende, sino colma.

— El espíritu busca en la pintura un enriquecimiento sensual.

— La sabiduría consiste en resignarse a lo único posible sin proclamarlo lo único necesario.

— Sólo una cosa no es vana: la perfección sensual del instante.

— El héroe y el cobarde definen de igual manera el objeto que perciben de manera antagónica.

— ¿Qué importa que el historiador diga lo que los hombres hacen, mientras no sepa contar lo que sienten?

— El prestigio de la "cultura" hace comer al tonto sin hambre.

— Tan imbécil es el hombre serio como la inteligencia que no lo es.

— La historia no muestra la ineficacia de los actos sino la vanidad de los propósitos.

— El que ignora que dos adjetivos contrarios califican simultáneamente todo objeto no debe hablar de nada.

— Los argumentos con que justificamos nuestra conducta suelen ser más estúpidos que nuestra conducta misma.

Es más llevadero ver vivir a los hombres que oírlos opinar.

— El hombre no quiere sino al que lo adula, pero no respeta sino al que lo insulta.

— Llámase buena educación los hábitos provenientes del respeto al superior transformados en trato entre iguales.

— La estupidez es el ángel que expulsa al hombre de sus momentáneos paraísos.

— Despreciar o ser despreciado es la alternativa plebeya de la vida de relación.

— Basta que unas alas nos rocen para que miedos ancestrales resuciten.

— Pensar como nuestros contemporáneos es la receta de la prosperidad y de la estupidez.

— La pobreza es la única barrera al tropel de vulgaridades que relinchan en las almas.

— Educar al hombre es impedirle la "libre expresión de su personalidad".

— Dios es la substancia de lo que amamos.

— Necesitamos que nos contradigan para afinar nuestras ideas.

— La sinceridad corrompe, a la vez, las buenas maneras y el buen gusto.

— La sabiduría se reduce a no enseñarle a Dios cómo se deben hacer las cosas.

— Algo divino aflora en el momento que precede el triunfo y en el que sigue al fracaso.

— La literatura toda es contemporánea para el lector que sabe leer.

— La prolijidad no es exceso de palabras, sino escasez de ideas.

— Tan repetidas veces han enterrado a la metafísica que hay que juzgarla inmortal.

— Un gran amor es una sensualidad bien ordenada.

— Llamamos egoísta a quien no se sacrifica a nuestro egoísmo.

— Los prejuicios de otras épocas nos son incomprensibles cuando los nuestros nos ciegan.

— Ser joven es temer que nos crean estúpidos; madurar es temer serlo.

— La humanidad cree remediar sus errores reiterándolos.

— El que menos comprende es el que se obstina en comprender más de lo que se puede comprender.

— Civilización es lo que logran salvar los viejos de la embestida de los idealistas jóvenes.

— Ni pensar prepara a vivir, ni vivir prepara a pensar.

— Lo que creemos nos une o nos separa menos que la manera de creerlo.

— La nobleza humana es obra que el tiempo a veces labra en nuestra ignominia cotidiana.

— En la incoherencia de una constitución política reside la única garantía auténtica de libertad.

— Depender sólo de la voluntad de Dios es nuestra verdadera autonomía.

— La elocuencia es hija de la presunción.

— Negarnos a considerar lo que nos repugna es la más grave limitación que nos amenace.

— Todos tratamos de sobornar nuestra voz, para que llame error o infortunio al pecado.

— El hombre no crea sus dioses a su imagen y semejanza, sino se concibe a la imagen y semejanza de los dioses en que cree.

— La idea ajena sólo interesa al tonto cuando roza sus tribulaciones personales.

— Si Dios fuese conclusión de un raciocinio, no sentiría necesidad de adorarlo.
Pero Dios no es sólo la substancia de lo que espero, sino la substancia de lo que vivo.

— ¡Qué modestia se requiere para esperar sólo del hombre lo que el hombre anhela!

— ¿Quién no teme que el más trivial de sus momentos presentes parezca un paraíso perdido a sus años venideros?

— Elegancia, dignidad, nobleza, son los únicos valores que la vida no logra irrespetar.

— Una vida intelectual veraz y austera nos rapa de las manos artes, letras, ciencias, para reducirnos a la escueta confrontación con el destino.

— La desesperación es el desfiladero sombrío por donde el alma asciende hacia un universo que la codicia ya no empaña.

— Nada más peligroso que resolver problemas transitorios con soluciones permanentes.

— La sombra del orgullo sofoca la germinación de mil vilezas.

— Las desigualdades naturales amargarían la vida del demócrata, si la denigración no existiera.

— Cierta cortesía intelectual nos hace preferir la palabra ambigua. El vocablo unívoco somete el universo a su arbitraria rigidez.

— La causa de las estupideces democráticas es la confianza en el ciudadano anónimo; y la causa de sus crímenes es la confianza del ciudadano anónimo en sí mismo.

— El arte nunca hastía porque cada obra es una aventura que ningún éxito previo garantiza.

— Escribir sería fácil si la misma frase no pareciera alternativamente, según el día y la hora, mediocre y excelente.

— El rechazo nos inquieta y la aprobación nos confunde.

— Las amistades duraderas suelen necesitar torpezas compartidas.

— El problema auténtico no exige que lo resolvamos sino que tratemos de vivirlo.

— Las agitaciones populares carecen de importancia mientras no se convierten en problemas éticos de las clases dirigentes.

— La novela añade a la historia su tercera dimensión.

— Ninguna ciudad revela su belleza mientras su torrente diurno la recorre.

La ausencia del hombre es la condición última de la perfección de toda cosa.

— Nada más raro que quien afirma, o niega, no exagere para halagar o herir.

— Que rutinario sea hoy insulto comprueba nuestra ignorancia en el arte de vivir.

— Quienes se equivocan parcialmente nos irritan, quienes se equivocan totalmente nos divierten.

— Entre adversarios inteligentes existe una secreta simpatía, ya que todos debemos nuestra inteligencia y nuestras virtudes a las virtudes y a la inteligencia de nuestro enemigo.

— El hombre más desesperado es solamente el que mejor esconde su esperanza.

— Toda vejez nos venga de nuestra vejez, menos la vejez de los que amamos.

— Aun cuando la humildad no nos salvara del infierno en todo caso nos salva del ridículo.

— Ser capaces de amar algo distinto de Dios demuestra nuestra mediocridad indeleble.

— En el silencio de la noche el espíritu olvida el cuerpo minado que lo apresa, y consciente de su impercedera juventud se juzga hermano de toda terrestre primavera.

— Nadie carece totalmente de cualidades capaces de despertar nuestro respeto, nuestra admiración, o nuestra envidia.
Quien parezca incapaz de darnos ejemplo ha sido negligentemente observado.

— De los seres que amamos su existencia nos basta.

— El historiador norteamericano no puede escribir historia sin lamentar que la providencia no lo consultara previamente.

— No es el origen de las religiones, o su causa, lo que requiere explicación, sino la causa y el origen de su oscurecimiento y de su olvido.

— Al través de mil nobles cosas perseguimos a veces solamente el eco de alguna trivial emoción perdida. ¿Morará mi corazón eternamente bajo la sombra de la viña, cerca a la tosca mesa, frente al esplendor del mar?

— Participar en empresas colectivas permite hartar el apetito sintiéndose desinteresado.

— El cemento social es el incienso recíproco.

— El hombre no se sentiría tan desdichado si le bastara desear sin fingirse derechos a lo que desea.

— La vanidad no es afirmación, sino interrogación.

— La más insensata promesa nos parece devolución de un bien perdido

— Criticar al burgués recibe doble aplauso: el del marxista, que nos juzga inteligentes porque corroboramos sus prejuicios; el del burgués, que nos juzga acertados porque piensa en su vecino.

— La fealdad de un objeto es condición previa de su multiplicación industrial.

— El moderno ambiciona reemplazar con objetos que compra lo que otros tiempos esperaban de la cultura metódica de los sentimientos.

— Otras épocas quizá fueron vulgares como la nuestra, pero ninguna tuvo la fabulosa caja de resonancia, el amplificador inexorable, de la industria moderna.

— La tentación del comunista es la libertad del espíritu.

— La sabiduría más presuntuosa se avergüenza ante el alma ebria de amor o de odio.

— Envejecer es catástrofe del cuerpo que nuestra cobardía convierte en catástrofe del alma.

— El futuro próximo traerá probablemente extravagantes catástrofes, pero lo que más seguramente amenaza al mundo no es la violencia de muchedumbres famélicas, sino el hartazgo de masas tediosas.

— Atribuir a la vejez la hez acumulada de una vida es el consuelo de los viejos.

— La delicadeza moral se veda a sí misma cosas que concede a los demás.

— Ceder a tentaciones nobles evita rendirse a tentaciones bajas.

— Vencer a un tonto nos humilla.

— El tránsito de un libro a otro libro se hace a través de la vida.

— Las palabras no comunican, recuerdan.

— El hombre se arrastra a través de las desilusiones apoyado en pequeños éxitos triviales.

— Lejos de garantizar a Dios, la ética no tiene suficiente autonomía para garantizarse a sí misma.

— ¿Cómo puede vivir quien no espera milagros?

— Las ambiciones legítimas se avergüenzan y dimiten en medio del tropel de ambiciones fraudulentas.

— El veneno del deseo es el alimento de la pasión.

— Reformar a los demás es ambición de que todos se mofan y que todos abrigan.

— La trivialidad es el precio de la comunicación.

— Antipatía y simpatía son las actitudes primordiales de la inteligencia.

— Todo fenómeno tiene su explicación sociológica, siempre necesaria y siempre insuficiente.

— Los libros no son herramientas de perfección, sino barricadas contra el tedio.

— Pensar que sólo importan las cosas importantes es amago de barbarie.

— Sobre nuestra vida influyen exclusivamente las verdades pequeñas, las iluminaciones minúsculas.

— Porque no entiende la objeción que lo refuta, el tonto se cree corroborado.

— Lo que despierta nuestra antipatía es siempre una carencia.

— Mucho poema moderno no es oscuro como un texto sutil, sino como una carta personal.

— Vivimos porque no nos miramos con los ojos con que los demás nos miran.

— Vivimos mientras creemos cumplir las promesas que incumplimos.

— La palabra no fue dada al hombre para engañar, sino para engañarse.

— Las realidades espirituales conmueven con su presencia, las sensuales con su ausencia.

— No debemos concluir que todo es permitido, si Dios no existe, sino que nada importa.
Los permisos resultan irrisorios cuando los significados se anulan.

— La crítica decrece en interés mientras más rigurosamente le fijen sus funciones. La obligación de ocuparse sólo de literatura, sólo de arte, la esteriliza.
Un gran crítico es un moralista que se pasea entre libros.

— ¿Predican las verdades en que creen, o las verdades en que creen que deben creer?

— La fe que no sepa burlarse de sí misma debe dudar de su autenticidad.
La sonrisa es el disolvente del simulacro.

— ¿Quién no compadece el dolor del que se siente repudiado?, — ¿pero quién medita sobre la angustia del que se teme elegido?

— Discrepar es riesgo que no debe asumir sino la conciencia madura y precavida.

La sinceridad no protege ni del error, ni de la tontería.

— Nadie es inocente ni de lo que hace, ni de lo que cree.

— Capacidad destructora de la sonrisa del imbécil.

— El pueblo no elige a quien lo cura, sino a quien lo droga.

— La vida compasiva concede, a veces, soluciones que cierto pundonor intelectual obliga a rechazar.

— El individuo se rebela hoy contra la inalterable naturaleza humana para abstenerse de enmendar su corregible naturaleza propia.

— Quien trata de educar y no de explotar, tanto a un pueblo como a un niño, no les habla imitando a media lengua un lenguaje infantil.

— La perfección es el punto donde coinciden lo que podemos hacer y lo que queremos hacer con lo que debemos hacer.

— Entre la anarquía de los instintos y la tiranía de las normas se extiende el fugitivo y puro territorio de la perfección humana.

— Belleza, heroísmo, gloria, se nutren del corazón del hombre como llamas silenciosas.

— La nivelación es el substituto bárbaro del orden.

— Raros son los que perdonan que compliquemos sus claudicaciones.

— La salvación social se aproxima cuando cada cual confiesa que sólo puede salvarse a sí mismo.
La sociedad se salva cuando sus presuntos salvadores desesperan.

— Cuando hoy nos dicen que alguien carece de personalidad, sabemos que se trata de un ser sencillo, probo, recto.

— La personalidad, en nuestro tiempo, es la suma de lo que impresiona al tonto.

— El máximo error moderno no es anunciar que Dios murió, sino creer que el diablo ha muerto.

— El ceremonial es el procedimiento técnico para enseñar verdades indemostrables. Ritos y pompas vencen la obcecación del hombre ante lo que no es material y tosco.

— Si la filosofía, las artes, las letras del siglo pasado, solo son superestructuras de su economía burguesa, deberíamos defender el capitalismo hasta la muerte. Toda tontería se suicida.

— Amor u odio no son creadores, sino reveladores, de calidades que nuestra indiferencia opaca.

— Para desafiar a Dios el hombre infla su vacío.

— La atrocidad de la venganza no es proporcional a la atrocidad de la ofensa, sino a la atrocidad del que se venga.
(Para la metodología de las revoluciones).

— Lo que la razón juzga imposible es lo único que puede colmar nuestro corazón.

— El tono profesoral no es propio del que sabe, sino del que duda.

— Los juicios injustos del hombre inteligente suelen ser verdades envueltas en mal humor.

— El pueblo nunca ha sido festejado sino contra otra clase social.

— El moderno ya sabe que la soluciones políticas son irrisorias y sospecha que las económicas lo son también.

— Creemos confrontar nuestras teorías con los hechos, pero sólo podemos confrontarlas con teorías de la experiencia.

— La más execrable tiranía es la que alegue principios que respetemos.

— La exuberancia suramericana no es riqueza, sino desorden.

— Transformar el mundo: ocupación de presidiario resignado a su condena.

— Hastiada de deslizarse por la cómoda pendiente de las opiniones atrevidas, la inteligencia al fin se interna en los parajes fragosos de los lugares comunes.

— Hay algo indeleblemente vil en sacrificar aún el más tonto de los principios a la más noble aún de las pasiones.

— Los prejuicios defienden de las ideas estúpidas.

— La presencia silenciosa de un tonto es el agente catalítico que precipita, en una conversación, todas las estupideces de que sean capaces los interlocutores más inteligentes.

— Un cuerpo desnudo resuelve todos los problemas del universo.

— Envidio a quienes no se sienten dueños tan sólo de sus estupideces.

— La cultura del individuo es la suma de objetos intelectuales o artísticos que le producen placer.

— El ridículo es tribunal de suprema instancia en nuestra condición terrestre.

— El historiador de las religiones debe aprender que los dioses no se parecen a las fuerzas de la naturaleza sino las fuerzas de la naturaleza a los dioses.

— A la Biblia no la inspiró un Dios ventrílocuo. La voz divina atraviesa el texto sacro como un viento de tempestad el follaje de la selva.

— El sexo no resuelve ni los problemas sexuales.

— Creyendo decir lo que quiere, el escritor sólo dice lo que puede.

— La buena voluntad es la panacea de los tontos.

— Quisiéramos no acariciar el cuerpo que amamos, sino ser la caricia.

— No rechazar, sino preferir.

— Lo sensual es la presencia del valor en lo sensible.

— El paraíso no se esconde en nuestra opacidad interna, sino en la terrazas y en los árboles de un jardín ordenado, bajo la luz del mediodía.

— Humano es el adjetivo que sirve para disculpar cualquier vileza.

— Hace doscientos años era lícito confiar en el futuro sin ser totalmente estúpido.

¿Hoy quién puede creer en las actuales profecías, puesto que somos ese espléndido porvenir de ayer?

— "Liquidar" a una clase social, o a un pueblo, es empresa que no indigna en este siglo sino a las presuntas víctimas.

— La libertad no es la meta de la historia, sino la materia con la cual trabaja.

— Marx gana batallas, pero Malthus ganará la guerra.

— La sociedad industrial está condenada al progreso forzado a perpetuidad.

— Cuando definen la propiedad como función social, la confiscación se avecina; cuando definen el trabajo como función social, la esclavitud se acerca.

— La verdadera gloria es la resonancia de un nombre en la memoria de los imbéciles.

— Cuando un afán de pureza lo lleva a condenar la "hipocresía social", el hombre no recupera su integridad perdida, sino pierde la vergüenza.

— El hombre es un animal que imagina ser hombre.

— Quienes se proclaman artistas de vanguardia suelen pertenecer a la de ayer.

— Cuando sólo se enfrentan soluciones burdas, es difícil opinar con sutileza.
La grosería es el pasaporte de este siglo.

— Las artes florecen en las sociedades que las miran con indiferencia, y perecen cuando las fomenta la solícita reverencia de los tontos.

— Los hombres se dividen en dos bandos: los que creen en el pecado original y los bobos.

— Demagogia es el vocablo que emplean los demócratas cuando la democracia los asusta.

— Basta que la hermosura roce nuestro tedio, para que nuestro corazón se rasgue como seda entre las manos de la vida.

— Las categorías sociológicas facultan para circular por la sociedad sin atender a la individualidad irreemplazable de cada hombre.
La sociología es la ideología de nuestra indiferencia con el prójimo.

— Para explotar plácidamente al hombre, conviene ante todo reducirlo a abstracciones sociológicas.

— Lo que aún protege al hombre, en nuestro tiempo, es su natural incoherencia.

Es decir: su espontáneo horror ante consecuencias implícitas en principios que admira.

— Envejecer con dignidad es tarea de todo instante.

— Nada más alarmante que la ciencia del ignorante.

— El precio que la inteligencia cobra a quienes elige es la resignación a la trivialidad cotidiana.

— El tonto no se inquieta cuando le dicen que sus ideas son falsas, sino cuando le sugieren que pasaron de moda.

— Todo nos parece caos, menos nuestro propio desorden.

— La historia erige y derrumba, incesantemente, las estatuas de virtudes distintas sobre el inmóvil pedestal de los mismos vicios.

— Nuestros anhelos, en boca ajena, suelen parecernos una estupidez irritante.

— La violencia política deja menos cuerpos que almas podridas.

— Verdad es lo que dice el más inteligente. (Pero nadie sabe quién es el más inteligente).

— Cada generación nueva acusa a las pretéritas de no haber redimido al hombre. Pero la abyección con que la nueva generación se adapta al mundo, después del fracaso de turno, es proporcional a la vehemencia de sus inculpaciones.

— Las tiranías no tienen más fieles servidores que los revolucionarios que no ampara, contra su servilismo ingénito, un fusilamiento precoz.

— La sociedad moderna se da el lujo de tolerar que todos digan lo que quieran, porque todos hoy coinciden básicamente en lo que piensan.

— No hay vileza igual a la del que se apoya en virtudes del adversario para vencerlo.

— La interpretación económica de la historia es el principio de la sabiduría.
Pero solamente su principio.

— El incrédulo se pasma de que sus argumentos no alarmen al católico, olvidando que el católico es un incrédulo vencido.
Sus objeciones son los fundamentos de nuestra fe.

— La política es el arte de buscar la relación óptima entre la fuerza y la ética.

— Nadie piensa seriamente mientras la originalidad le importa.

— La "psicología" es, propiamente, el estudio del comportamiento burgués.

— El mal que hace un bobo se vuelve bobería, pero sus consecuencias no se anulan.

— En la tinieblas del mal la inteligencia es el postrer reflejo de Dios, el reflejo que nos persigue con porfía, el reflejo que no se extingue sino en la última frontera.

— Nadie sabe exactamente qué quiere mientras su adversario no se lo explica.

— Lo amenazante del aparato técnico es que pueda utilizarlo el que no tiene la capacidad intelectual del que lo inventa.

— El mayor triunfo de la ciencia parece estar en la velocidad creciente con que el bobo puede trasladar su bobería de un sitio a otro.

— La juventud es promesa que cada generación incumple.

— Arte popular es el arte del pueblo que no le parece arte al pueblo.
El que le parece arte es el arte vulgar.

— Los profesionales de la veneración al hombre se creen autorizados a desdeñar al prójimo.
La defensa de la dignidad humana les permite ser patanes con el vecino.

— Cuando se principia exigiendo la sumisión total de la vida a un código ético, se acaba sometiendo el código a la vida.

Los que se niegan a absolver al pecador terminan absolviendo al pecado.

— La honradez en política no es bobería sino a los ojos del tramposo.

— Bien educado es el hombre que se excusa al usar de sus derechos.

— El antiguo que negaba el dolor, el moderno que niega el pecado, se enredan en sofismas idénticos.

— El moderno no escapa a la tentación de identificar permitido y posible.

— El demócrata defiende sus convicciones declarando obsoleto a quien lo impugna.

— La angustia ante el ocaso de la civilización es aflicción reaccionaria.

El demócrata no puede lamentar la desaparición de lo que ignora.

— El tonto no se contenta con violar una regla ética: pretende que su transgresión se convierta en regla nueva.

— Tanto en país burgués, como en tierra comunista, reprueban el "escapismo" como vicio solitario, como perversión debilitante y abyecta.

La sociedad moderna desacredita al fugitivo para que nadie escuche el relato de sus viajes. El arte o la historia, la imaginación del hombre o su trágico y noble destino, no son criterios que la mediocridad moderna tolere.

El "escapismo" es la fugaz visión de esplendores abolidos y la probabilidad de un implacable veredicto sobre la sociedad actual.

— Amor es el acto que transforma a su objeto de cosa en persona.

— La obra de arte no tiene propiamente significado sino poder.

Su presunto significado es la forma histórica de su poder sobre el espectador transitorio.

— La virtud que no duda de sí misma culmina en atentados contra el mundo.

— El alma de una nación nace de un hecho histórico, madura aceptando su destino, y muere cuando se admira a sí misma y se imita.

— La adhesión al comunismo es el rito que permite al intelectual burgués exorcizar su mala conciencia sin abjurar su burguesía.

— El hombre se vive a sí mismo como angustia o como creatura.

— No hay peor tontería que la verdad en boca del tonto.

— La imbecilidad se deposita en el alma como un sedimento de los años.

— A la inversa del arcángel bíblico, los arcángeles marxistas impiden que el hombre se evada de sus paraísos.

— Las revoluciones democráticas inician las ejecuciones anunciando la pronta abolición de la pena de muerte.

— El comunista odia al capitalismo con el complejo de Edipo. El reaccionario lo mira tan sólo con xenofobia.

— El infierno es lugar identificable sólo desde el paraíso.

— Lo que se piensa contra la Iglesia, si no se piensa desde la Iglesia, carece de interés.

— Aún cuando el pecado colabora a la construcción de toda sociedad, la sociedad moderna es la hija predilecta de los pecados capitales.

— El católico debe simplificar su vida y complicar su pensamiento.

— El mal no vence como seducción, sino como vértigo.

— El mal, como los ojos, no se ve a sí mismo. Que tiemble el que se vea inocente.

— Fe es lo que nos permite extraviarnos en cualquier idea, sin desasir la senda de regreso.

— El creyente no es posesor de heredades inscritas en catastros, sino adelantado de mar ante las costas de un continente inexplorado.

— El que acepta el rango que la naturaleza le fija no se convierte en la mera ausencia de lo que no es.
Aún lo más modesto tiene en su sitio un precio inestimable.

— La soledad es el laboratorio donde los lugares comunes se verifican.

— Hombre inteligente es el que mantiene su inteligencia a una temperatura independiente de la temperatura del medio que habita.

— Ni la imitación del pasado, ni la del presente, son recetas infalibles.
Nada salva al mediocre de su mediocridad.

— El reaccionario anhela convencer a las mayorías, el demócrata sobornarlas con la promesa de bienes ajenos.

— Los partidos liberales jamás entienden que lo contrario de despotismo no es bobería, sino autoridad.

— Cada insulto de la vida sobre una faz amada alimenta al verdadero amor.

— Las sociedades agonizantes luchan contra la historia a fuerza de leyes, como los náufragos contra las aguas a fuerza de gritos. Breves remolinos.

— La sabiduría, en este siglo, consiste ante todo en saber soportar la vulgaridad sin irritarse.

— No conozco pecado que no sea, para el alma noble, su propio castigo.

— Hoy más que nunca el hombre corre detrás de cualquier tonto que lo invite al viaje, sordo al atalaya que avizora los caminos destruidos y los puentes derrumbados.

— El profeta que acertadamente pronostique la corrupción creciente de una sociedad se desacredita, porque mientras más crezca la corrupción, el corrompido la nota menos.

— La poesía que desdeña la musicalidad poética se petrifica en un cementerio de imágenes.

— El problema básico de toda antigua colonia: el problema de la servidumbre intelectual, de la tradición mezquina, de la espiritualidad subalterna, de la civilización inauténtica, de la imitación forzosa y vergonzante, me ha sido resuelto con suma sencillez: el catolicismo es mi patria.

— Individuos o naciones tienen virtudes distintas y defectos idénticos.
La vileza es nuestro común patrimonio.

— La vida es instrumento de la inteligencia.

— El intelectual suramericano importa, para alimentarse, los desechos del mercado europeo.

— Aún entre igualitarios fanáticos el más breve encuentro reestablece las desigualdades humanas.

— El cristianismo no niega el esplendor del mundo, sino invita a buscar su origen, a ascender hacía su nieve pura.

— Lo que aleja de Dios no es la sensualidad, sino la abstracción.

— La edad viril del pensamiento no la fijan ni la experiencia, ni los años, sino el encuentro con determinadas filosofías.

— La sensibilidad moderna, en lugar de exigir la represión de la codicia, exige que suprimamos el objeto que la despierta.

— El prejuicio de no tener prejuicios es el más común de todos.

— No hay victoria espiritual que no sea necesario ganar cada día nuevamente.

— El alma que asciende hacía la perfección suele eva-
cuar las bajas tierras conquistadas, donde se instalan
diablillos subalternos que la ridiculizan y la empuercan.

— La amenaza de muerte colectiva es el único argumento que desbarata la complacencia de la humanidad
actual.
La muerte atómica la inquieta más que su envilecimiento
creciente.

— Vivir es el único valor del moderno.
Aún el héroe moderno no muere sino en nombre de la
vida.

— La resignación al error es el principio de la sabiduría.

— La interrogación sólo enmudece ante el amor.
"¿Para qué amar?", es la única pregunta imposible.

— El amor no es misterio sino lugar donde el misterio
se disuelve.

— Lo grande, para la sensibilidad, no es suma aritmética de partes, sino calidad de ciertos conjuntos. La grandeza métrica, todo edificio moderno lo muestra, no tiene relación con la grandeza monumental.

— El individualismo moderno se reduce a reputar personales y propias las opiniones compartidas con todos.

— El estado moderno fabrica las opiniones que recoge después respetuosamente con el nombre de opinión pública.

— El arte abstracto no es ilegítimo, sino limitado.

— La conciencia descubre su libertad al sentirse obligada a condenar lo que aprueba.

— Patrocinar al pobre ha sido siempre, en política, el más seguro medio de enriquecerse.

— En las artes se llama autenticidad la convención del día.

— Ningún ser merece nuestro interés más de un instante, o menos de una vida.

— La esperanza progresista no anida ya sino en discursos.

— Las representaciones colectivas son, hoy, opiniones que los medios de propaganda imponen.
Lo colectivo no es, hoy, lo que muchos venden sino lo que muchos compran.

— Cuando las codicias individuales se agrupan, acostumbramos bautizarlas nobles anhelos populares.

— La paciencia del pobre en la sociedad moderna no es virtud sino cobardía.

— La lealtad es sincera mientras no se cree virtud.

— Al vulgo no le importa ser, sino creerse, libre.
Lo que mutile su libertad no lo alarma, si no se lo dicen.

— Apreciar lo antiguo, o lo moderno, es fácil; pero apreciar lo obsoleto es el triunfo del gusto auténtico.

— Los pesimistas profetizan un futuro de escombros, pero los profetas optimistas son aún más espeluznantes anunciando la ciudad futura donde moran, en colmenas intactas, la vileza y el tedio.

— Ayer creímos que bastaba despreciar lo que el hombre logra, hoy sabemos que debemos despreciar además lo que anhela.

— Amar es comprender la razón que tuvo Dios para crear a lo que amamos.

— El hombre tiende a ejercer todos sus poderes. Lo imposible le parece el único límite legítimo. Civilizado, sin embargo, es el que por razones diversas se niega a hacer todo lo que puede.

— Los adolescentes alzan vuelo con el desdén de las águilas, y pronto, se estrellan fofamente contra el suelo como pretenciosas aves de corral.

— Un léxico de diez palabras basta al marxista para explicar la historia.

— El izquierdista grita que la libertad perece cuando sus víctimas rehusan financiar su propio asesinato.

— El amor es esencialmente adhesión del espíritu a otro cuerpo desnudo.

— Repudiemos la recomendación abominable de renunciar a la amistad y al amor para desterrar el infortunio.
Mezclemos, al contrario, nuestras almas como trenzamos nuestros cuerpos.
Que el ser amado sea la tierra de nuestras raíces destrozadas.

— Llámase problema social la urgencia de hallar un equilibrio entre la evidente igualdad de los hombres y su desigualdad evidente.

— El proletariado no detesta en la burguesía sino la dificultad económica de imitarla.

— Los políticos, en la democracia, son los condensadores de la imbecilidad.

— El amor ama la inefabilidad del individuo.

— Mientras mayor sea la importancia de una actividad intelectual, más ridícula es la pretensión de avalar la competencias del que la ejerce.
Un diploma de dentista es respetable, pero uno de filósofo es grotesco.

— Reformar la sociedad por medio de leyes es el sueño del ciudadano incauto y el preámbulo discreto de toda tiranía.
La ley es forma jurídica de la costumbre o atropello a la libertad.

— La legitimidad del poder no depende de su origen, sino de sus fines.
Nada le es vedado al poder si su origen lo legitima como lo enseña el demócrata.

— El catolicismo no resuelve todos los problemas pero es la única doctrina que los plantea todos.

— No es solamente entre generaciones donde la experiencia se pierde, sino también entre períodos de una misma vida.

— La inteligencia del progresista nunca es más que el cómplice de su carrera.

— La arquitectura moderna sabe levantar cobertizos industriales, pero no logra construir ni un palacio ni un templo.
Este siglo legará tan sólo la huellas de sus trajines al servicio de nuestras más sórdidas codicias.

— El hombre moderno no imagina fin más alto que el servicio a los antojos anónimos de sus conciudadanos.

— El egoísmo individual se cree absuelto cuando se compacta en egoísmo colectivo.

— La vida común es tan mísera que el más infeliz puede ser víctima de la codicia del vecino.

— El sufragio universal no pretende que los intereses de la mayoría triunfen, sino que la mayoría lo crea.

— El inferior siempre tiene razón en las disputas, porque el superior se ha rebajado a disputar.

— El crecimiento de la población inquieta al demógrafo, solamente cuando teme que estorbe el progreso económico o que dificulte la alimentación de las masas. Pero que el hombre necesite soledad, que la proliferación humana produzca sociedades crueles, que se requiera distancia entre los hombres para que el espíritu respire, lo tiene sin cuidado. La calidad del hombre no le importa.

— Sólo lo trivial nos ampara del tedio.

— El hombre paga la embriaguez de la liberación con el tedio de la libertad.

— La historia del hombre no es el catálogo de sus situaciones, sino el relato de sus imprevisibles modos de utilizarlas.

— El político práctico perece bajo las consecuencias de las teorías que desdeña.

— El consumo, para el progresista, se justifica sólo como medio de producción.

— Más que de marxistas apóstatas, nuestro tiempo está lleno de marxistas cansados.

— Dos seres inspiran hoy particular conmiseración: el político burgués que la historia pacientemente acorrala y el filósofo marxista que la historia pacientemente refuta.

— Estado totalitario es la estructura en que las sociedades cristalizan bajo las presiones demográficas.

— La imbecilidad de sus pasiones salva al hombre de la imbecilidad de sus sueños.

— El lugar común tradicional escandaliza al hombre moderno.
El libro más subversivo en nuestro tiempo sería una recopilación de viejos proverbios.

— El progreso es el azote que nos escogió Dios.

— Toda revolución nos hace añorar la anterior.

— El auténtico revolucionario se subleva para abolir la sociedad que odia, el revolucionario actual se insurge para heredar una que envidia.

— El hombre moderno no ama, sino se refugia en el amor; no espera, sino se refugia en la esperanza; no cree, sino se refugia en un dogma.

— El erotismo se agota en promesas.

— El miedo es el motor secreto de las empresas de este siglo.

— Nada tan difícil como aprender que la fuerza, también, puede ser ridícula.

— El verdadero talento consiste en no independizarse de Dios.

— La gracia imprevisible de una sonrisa inteligente basta para volar los estratos de tedio que depositan los días.

— Erotismo, sensualidad, amor, cuando no convergen en una misma persona no son más, aisladamente, que una enfermedad, un vicio, una bobería.

— Una vocación genuina lleva al escritor a escribir sólo para sí mismo: primero por orgullo, después por humildad.

— Para ser protagonista en el teatro de la vida basta ser perfecto actor cualquiera que sea el papel desempeñado.
La vida no tiene papeles secundarios sino actores secundarios.

— En la auténtica cultura la razón se vuelve sensibilidad.

— El alma debe abrirse a la invasión de lo extraño, renunciar a defenderse, favorecer al enemigo, para que nuestro ser auténtico aparezca y surja, no como una frágil construcción que nuestra timidez protege, sino como nuestra roca, nuestra granito insobornable.

— El progresista cree que todo se torna pronto obsoleto, salvo sus ideas.

— En el actual panorama político ningún partido está más cerca que otros de la verdad. Simplemente hay unos que están más lejos.

— Triste como una biografía.

— Ser cristianos es hallarnos ante quien no podemos escondernos, ante quien no es posible disfrazarnos. Es asumir la carga de decir la verdad, hiera a quien hiera.

— El hombre es más capaz de actos heroicos que de gestos decentes.

— El moderno llama deber su ambición.

— La prédica progresista ha pervertido a tal punto que nadie cree ser lo que es, sino lo que no logró ser.

— Los antojos de la turba incompetente se llaman opinión pública, y opinión privada los juicios del experto.

— El primer paso de la sabiduría está en admitir, con buen humor, que nuestras ideas no tienen por qué interesar a nadie.

— "Racional" es todo aquello con lo cual un trato rutinario nos familiariza.

— En el lóbrego y sofocante edificio del mundo, el claustro es el espacio abierto al sol y al aire.

— La libertad no es indispensable porque el hombre sepa qué quiere y quién es, sino para que sepa quién es y qué quiere.

— Para que la libertad dure debe ser la meta de la organización social y no la base.

— La pasión igualitaria es una perversión del sentido crítico: atrofia de la facultad de distinguir.

— Lo "racional", lo "natural", lo "legítimo", no son más que lo acostumbrado.

Vivir bajo una constitución política que dura, entre costumbres que duran, con objetos que duran, es lo único que permite creer en la legitimad del gobernante, en la racionalidad de los usos, y en la naturalidad de las cosas.

— Ni la historia de un pueblo, ni la de un individuo, nos son inteligibles, si no admitimos que el alma del individuo o del pueblo puede morir sin que mueran ni el pueblo ni el individuo.

— La "cultura" no es tanto la religión de los ateos como la de los incultos.

— La idea del "libre desarrollo de la personalidad" parece admirable mientras no se tropieza con individuos cuya personalidad se desarrolló libremente.

— Ayer el progresismo capturaba incautos ofreciéndoles la libertad; hoy le basta ofrecerles la alimentación.

— Mientras más libre se crea el hombre, más fácil es adoctrinarlo.

— En las democracias llaman clase dirigente la clase que el voto popular no deja dirigir nada.

— El diálogo entre comunistas y católicos se ha vuelto posible desde que los comunistas falsifican a Marx y los católicos a Cristo.

— El político tal vez no sea capaz de pensar cualquier estupidez, pero siempre es capaz de decirla.

— El imbécil no descubre la radical miseria de nuestra condición sino cuando está enfermo, pobre, o viejo.

— Lo intelectuales revolucionarios tienen la misión histórica de inventar el vocabulario y los temas de la próxima tiranía.

— Para volver inevitable una catástrofe nada más eficaz que convocar una asamblea que proponga reformas que la eviten.

— Que el cristianismo sane los males sociales, como unos dicen, o que envenene al contrario la sociedad que lo adopta, como aseguran otros, son tesis que interesan al sociólogo, pero sin interés para el cristiano. Al cristianismo se ha convertido el que lo cree cierto.

— En este siglo de muchedumbres trashumantes que profanan todo lugar ilustre, el único homenaje que un peregrino reverente puede rendir a un santuario venerable es el de no visitarlo.

— El marxismo sólo descansará cuando transforme campesinos y obreros en oficinistas pequeño-burgueses.

— Amar es rondar sin descanso en torno de la impenetrabilidad de un ser.

— La paz no florece sino entre naciones moribundas. Bajo el sol de férreas hegemonías.

— Las matanzas democráticas pertenecen a la lógica del sistema. Las antiguas matanzas al ilogismo del hombre.

— El comunismo fue vocación, hoy es carrera.

— La estrategia electoral del demócrata se basa en una noción despectiva del hombre totalmente contraria a la noción lisonjera que difunde en sus discursos.

— El marxista no cree posible condenar sin adulterar lo que condena.

— Un pensamiento católico no descansa, mientras no ordene el coro de los héroes y los dioses en torno a Cristo.

— Madurar no consiste en renunciar a nuestros anhelos, sino en admitir que el mundo no está obligado a colmarlos.

— Para resultar inteligente en política, basta encontrar un adversario más estúpido.

— Cuando una mayoría lo derrota, el verdadero demócrata no debe meramente declararse vencido, sino confesar además que no tenía razón.

— El catolicismo enseña lo que el hombre quisiera creer y no se atreve.

— El pobre no envidia al rico las posibilidades de comportamiento noble que le facilita la riqueza, sino las abyecciones a que lo faculta.

— "Voluntad general" es la ficción que le permite al demócrata pretender que para inclinarse ante una mayoría hay otra razón que el simple miedo.

— El desprecio a los "formalismos" es una patente de imbécil.

— Llámase liberal el que no entiende que está sacrificando la libertad sino cuando es demasiado tarde para salvarla.

— Todo matrimonio de intelectual con el partido comunista acaba en adulterio.

— El joven se enorgullece de su juventud como si no fuese privilegio que tuvo hasta el más bobo.

— Denigrar el progreso es demasiado fácil. Aspiro a la cátedra de metódico atraso.

— Riqueza ociosa es la que sólo sirve para producir más riqueza.

— Pocos hombre soportarían su vida si no se sintiesen víctimas de la suerte.
Llamar injusticia la justicia es el más popular de los consuelos.

— El que denuncia las limitaciones intelectuales del político olvida que les debe sus éxitos.

— Las estéticas indican al artista en qué sector del universo está la belleza que busca, pero no le garantizan que logrará capturarla.

— Lo vulgar no es lo que el vulgo hace, sino lo que le place.

— ¿Qué es la filosofía para el católico sino la manera como la inteligencia vive su fe?

— Mi fe llena mi soledad con su sordo murmullo de vida invisible.

— La sensualidad es la posibilidad permanente de rescatar al mundo del cautiverio de su insignificancia.

— La razón es una mano que oprime nuestro pecho para aplacar el latir de nuestro corazón desordenado.

— La sonrisa del ser que amamos es el único remedio eficaz contra el tedio.

— El que se abandona a sus instintos envilece su rostro tan obviamente como su alma.

— La disciplina no es tanto una necesidad social como una urgencia estética.

— Ser aristócrata es no creer que todo depende de la voluntad.

— Entre injusticia y desorden no es posible optar. Son sinónimos.

— La sociedad industrial es la expresión y el fruto de almas donde las virtudes destinadas a servir usurpan el puesto de las destinadas a mandar.

— Sociedad totalitaria es el nombre vulgar de la especie social cuya denominación científica es sociedad industrial.
El embrión actual permite prever la fiereza del animal adulto.

— No hablemos mal del nacionalismo.
Sin la virulencia nacionalista ya regiría sobre Europa y el mundo un imperio técnico, racional, uniforme.
Acreditemos al nacionalismo dos siglos, por lo menos, de espontaneidad espiritual, de libre expresión del alma nacional, de rica diversidad histórica.
El nacionalismo fue el último espasmo del individuo ante la muerte gris que lo espera.

— La verdad está en la historia, pero la historia no es la verdad.

— Para llamarse cultivado no basta que el individuo adorne su especialidad con los retazos de otras.
La cultura no es un conjunto de objetos especiales, sino una actitud específica del sujeto.

— Para industrializar un país no basta expropiar al rico hay que explotar al pobre.

— Bajo pretexto de dar trabajo al hambriento, el progresista vende los inútiles artefactos que fabrica. Los pobres son el subterfugio del industrialismo para enriquecer al rico.

— Por tonto que sea un catecismo, siempre lo es menos que una confesión personal de fe.

— En una soledad silenciosa sólo fructifica el alma capaz de vencer en las más públicas lides. El débil pide estruendo.

— Mi fe crece con los años, como el follaje de una silenciosa primavera.

— La discusión inteligente debe reducirse a dilucidar divergencias.

— La Biblia no es la voz de Dios, sino la del hombre que lo encuentra.

— Los reformadores de la sociedad actual se empeñan en decorar los camarotes de un barco que naufraga.

— El moderno destruye más cuando construye que cuando destruye.

— Con la industrialización de la sociedad comunista culmina la hegemonía burguesa.
La burguesía no es tanto una clase social como el ethos de la sociedad industrial misma.

— Si exigimos que el objeto tenga sólo la forma con que mejor cumple su función, todos los objetos de una misma especie convergen idealmente hacia una forma única.
Cuando las soluciones técnicas sean perfectas el hombre morirá de tedio.

— Reemplacemos tantas definiciones de "dignidad del hombre", que sólo son jaculatorias extáticas, con una simple y sencilla: hacer todo lentamente.

— Vivir con lucidez una vida sencilla, callada, discreta, entre libros inteligentes, amando a unos pocos seres.

— La frase debe tener la dureza de la piedra y el temblor de la rama.

— Defender la civilización consiste, ante todo, en protegerla del entusiasmo del hombre.

— Un poco de paciencia en el trato con el tonto nos evita sacrificar a nuestras convicciones nuestra buena educación.

— Mientras no tropezamos con tontos instruidos la instrucción parece importante.

— El Anticristo es, probablemente, el hombre.

— Cultivado es el hombre que no convierte la cultura en profesión.

— El cristiano no tiene nada que perder en una catástrofe.

— Educar al alma consiste en enseñarle a transformar en admiración su envidia.

— Los libros serios no instruyen, sino interpelan.

— Creer es penetrar en las entrañas de lo que meramente sabíamos.

— La fe no confunde la incredulidad, sino la consume.

— La sociedad suele ser injusta, pero no como los vanidosos lo imaginan.
Siempre hay más amos que no merecen su puesto que servidores que no merezcan el suyo.

— La resistencia es inútil cuando todo se conjura en el mundo para destruir lo que admiramos.
Siempre nos queda, sin embargo, un alma insobornable para contemplar, para juzgar, y para desdeñar.

— Escucho toda prédica con involuntaria ironía.
Tanto mi religión como mi filosofía se reducen a confiar en Dios.

— La literatura contemporánea, en cualquier época, es el peor enemigo de la cultura.

El tiempo limitado del lector se gasta en leer mil libros mediocres que embotan su sentido crítico y lesionan su sensibilidad literaria.

— Los términos que el filósofo inventa para expresarse, y que el pueblo finalmente maneja como metáforas usadas, atraviesan una zona intermedia donde los semieducados los emplean, con énfasis pedante, para simular pensamientos que no tienen.

— Cada nueva verdad que aprendemos nos enseña a leer de manera distinta.

— La burguesía, a pesar de todo, ha sido la única clase social capaz de juzgarse a sí misma.

Todo crítico de la burguesía se nutre de críticas burguesas.

— El peor vicio de la crítica de arte es el abuso metafórico del vocabulario filosófico.

— El profeta bíblico no es augur del futuro, sino testigo de la presencia de Dios en la historia.

— La hipocresía no es la herramienta del hipócrita, sino su prisión.

— Dicha es ese estado de la sensibilidad en el que todo nos parece tener razón de ser.

— En lugar de buscarle explicaciones al hecho de la desigualdad, los antropólogos debieran buscársela a la noción de igualdad.

— La civilización no es una sucesión sin fin de inventos, sino la tarea de asegurar la duración de ciertas cosas.

— Para comprender la idea ajena es necesario pensarla como propia.

— Cada instante tiene su propia ley, y no meramente la ley que lo ata a los demás instantes.

— En ciertos instantes colmados Dios desborda en el mundo, como una fuente repentina en la paz del mediodía.

— Cualquier regla es preferible al capricho. El alma sin disciplina se disuelve en una fealdad de larva.

— No la plenitud cerrada de la esfera, sino la plenitud meridiana del estanque donde el cielo se refleja.

— Detrás de todo apelativo se levanta el mismo apelativo con mayúscula: detrás del amor el Amor, detrás del encuentro el Encuentro. El universo se evade de su cautiverio, cuando en la instancia individual percibimos la esencia.

— Toda rebelión contra el orden del hombre es noble, mientras no disfrace una rebeldía contra el orden del mundo.

— La perfección moral está en sentir que no podemos hacer lo que no debemos hacer. La ética culmina donde la regla parece expresión de la persona.

— El alma es la tarea del hombre.

— Todo hombre es capaz, en todo momento, de poseer las verdades que importan.
En el futuro esperan las verdades subalternas.

— Un solo ser puede bastarte.
Pero que jamás te baste el Hombre.

— El crimen que se intenta cometer es, a veces, tan horrible que el pretexto de la nación no basta y es necesario invocar la humanidad.

— El mundo es propósito quebrado que el alma noble intenta restaurar.

— La eficacia del individuo es menos una virtud que una amenaza para sus semejantes.

— La sed se acaba antes que el agua.

— En toda época una minoría vive los problemas de hoy y la mayoría los de ayer.

— La educación moderna entrega mentes intactas a la propaganda.

— De la suma de todos los puntos de vista no resulta el relieve del objeto, sino su confusión.

— El hombre desata catástrofes cuando se empeña en volver coherentes las evidencias contradictorias entre las cuales vive.

— Nuestra libertad no tiene más garantía que las barricadas que levanta, contra el imperialismo de la razón, la anárquica faz del mundo.

— El individuo cree en el "sentido de la historia" cuando el futuro previsible parece favorable a sus pasiones.

— Las razones, los argumentos, las pruebas, parecen cada día menos evidentes al que cree.
Y lo que cree más evidente.

— Hay ideas que no son verdaderas, pero que debieran serlo.

— La apologética debe mezclar escepticismo y poesía. Escepticismo para estrangular ídolos, poesía para seducir almas.

— Renegando de la literatura se hace hoy carrera en las letras, como renegando de la burguesía entre los burgueses.

— La historia quizá sólo proceda de los actos insignificantes.

— El escritor nunca se confiesa sino de lo que la moda autoriza.

— De cada cual depende que su alma, despojada por los años de sus múltiples pretensiones, se revele como rencor amargo o como humildad resignada.

— La serenidad es el fruto de la incertidumbre aceptada.

— Más que por raciocinios, la inteligencia se guía por simpatías y por ascos.

— La inteligencia se apresura a resolver problemas que la vida aún no le plantea. La sabiduría es el arte de impedírselo.

— ¡Qué raros son los que no admiran libros que no han leído!

— Inclinémonos cuando el historiador demuestra que tal cosa aconteció, pero contentémonos con sonreír cuando afirma que debía acontecer.

— Lo que acontece en tiempos de incredulidad no es que los problemas religiosos parezcan absurdos, sino que no parecen problemas.

— En un siglo donde los medios de publicidad divulgan infinitas tonterías, el hombre culto no se define por lo que sabe sino por lo que ignora.

— Cuando vemos que el hombre no puede calcular las consecuencias de sus actos, los problemas políticos no pierden su importancia, pero las soluciones pierden su interés.

— La religión es el temblor que el sacudimiento de nuestras raíces transmite a nuestras ramas.

— Dios no es objeto de mi razón, ni de mi sensibilidad, sino de mi ser.
Dios existe para mí en el mismo acto en que existo.

— La felicidad es un instante de silencio entre dos ruidos de la vida.

— La codicia del negociante me asombra menos que la seriedad con que la sacia.

— Quien tenga curiosidad de medir su estupidez, que cuente el número de cosas que le parecen obvias.

— La poesía lírica sobrevive sola, porque el corazón humano es el único rincón del mundo que la razón no se atreve a invadir.

— Toda verdad es riesgo que asumimos apoyándonos sobre una serie indefinida de evidencias infinitamente pequeñas.

— Mi verdad es la suma de lo que soy, no el simple resumen de lo que pienso.

— Nadie me inducirá a absolver la naturaleza humana porque me conozco a mí mismo.

— Civilizar es enseñar a utilizar lo inferior sin estimarlo. Ser civilizado es no confundir lo importante con lo meramente necesario.

— El bárbaro, o totalmente se burla o totalmente venera. La civilización es sonrisa que mezcla discretamente ironía y respeto.

— El individualismo degenera en beatificación del antojo.

— La autoridad no es delegación de los hombres, sino procuración de los valores.

— Ley no es lo que un acto de la voluntad decreta, sino lo que la inteligencia descubre.

— El consentimiento popular es indicio de legitimidad, pero no causa.

En el debate sobre la legitimidad del poder no cuentan ni su origen en el voto, ni su origen en la fuerza.

Legítimo es el poder que cumple el mandato que las necesidades vitales y éticas de una sociedad le confieren.

— Cuando el respeto a la tradición perece, la sociedad, en su incesante afán de renovarse, se consume frenéticamente a sí misma.

— Ya no basta que el ciudadano se resigne, el estado moderno exige cómplices.

— El psiquiatra considera sanos los solos comportamientos vulgares.

— Los antiguos veían en el héroe histórico o mítico, en Alejandro o en Aquiles, el módulo de la vida humana.

El gran hombre era paradigmático, su existencia ejemplar.

El patrón del demócrata, al contrario, es el hombre vulgar.

El modelo democrático debe rigurosamente carecer de todo atributo admirable.

— El proletariado surge cuando el pueblo se convierte en una clase que adopta los valores de la burguesía sin poseer bienes burgueses.

— Para evitar una viril confrontación con la nada, el hombre levanta altares al progreso.

— El hombre a veces desespera con dignidad, pero es raro que espere con inteligencia.

— Huir no protege contra el tedio. Hay que domesticar, para salvarnos, esa bestia fofa y lerda. En el tedio asumido las más nobles cosas germinan.

— Como un problema nuevo nace siempre del problema resuelto, la sabiduría no consiste en resolver problemas sino en amansarlos.

— Al remedio que cura siempre preferimos el alivio que agrava.

— Cada acto de resignación es una breve agonía.

— El único antídoto a la envidia, en las almas vulgares, es la vanidad de creer que nada tienen que envidiar.

— Para el hombre moderno las catástrofes no son enseñanza, sino insolencias del universo.

— En su afán de ganarle la partida al humanitarismo democrático, el catolicismo moderno resume así el doble mandamiento evangélico: Amarás a tu prójimo sobre todas las cosas.

— El creyente sabe cómo se duda, el incrédulo no sabe cómo se cree.

— El tonto se escandaliza y ríe cuando advierte que los filósofos se contradicen.
Es difícil hacerle entender al tonto que la filosofía, precisamente, es el arte de contradecirse mutuamente sin anularse.

— Quien se sienta vocero de la opinión pública ha sido esclavizado.

— El vulgo no llama inteligentes sino los actos de la inteligencia al servicio del instinto.

— El uso correcto de la libertad puede consistir en adherir a un destino, pero mi libertad consiste en poder negarme a hacerlo.

El derecho a fracasar es un importante derecho del hombre.

— La indiferencia al arte se traiciona con la solemnidad pomposa del homenaje que se le suele rendir.

El verdadero amor calla o se burla.

— Los individuos interesan menos al historiador moderno que sus circunstancias.

Reflejo del actual trastrueque: el modo de vivir importa más que la calidad del que vive.

— Verdadero aristócrata es el que tiene vida interior. Cualquiera que sea su origen, su rango, o su fortuna.

— Nada de lo que acontece es necesario, pero todo se vuelve necesario una vez acontecido.

Todo tiene causa, pero toda causa tiene pluralidad virtual de efectos.

— Sólo el imbécil no se siente nunca copartidario de sus enemigos.

— El cristiano actual no se conduele de que los demás no estén de acuerdo con él, sino de no estar de acuerdo con los demás.

— Una sociedad justa carecería de interés.
La discrepancia entre el individuo y el sitio que ocupa vuelve la historia interesante.

— La vulgaridad consiste tanto en irrespetar lo que merece respeto como en respetar lo que no lo merece.

— Los problemas del siglo XIX preocupan tanto al izquierdista que los del siglo XX no lo ocupan.
Los problemas que planteaba la industrialización de la sociedad le impiden ver los que plantea la sociedad industrializada.

— El progresismo envejece mal.
Cada generación trae un nuevo modelo de progresismo que arrincona despectivamente al modelo anterior.
Nada más grotesco que el progresista a la moda de ayer.

— Ninguna época es de transición.
Toda época es un absoluto que se devora a sí mismo.

— La tragedia moderna no es la tragedia de la razón vencida, sino de la razón triunfante.

— La soledad del hombre moderno en el universo es la soledad del amo entre esclavos silenciosos.

— El que no entiende que dos actitudes perfectamente contrarias pueden ser ambas perfectamente justificadas no debe ocuparse de crítica.

— La historia del arte es historia de sus materiales, sus técnicas, sus temas, sus condiciones sociales, sus motivos psicológicos, o su problemática intelectual, pero nunca historia de la belleza.
El valor no tiene historia.

— Más que cristiano, quizá soy un pagano que cree en Cristo.

— En las ciencias sociales se acostumbra pesar, contar, y medir, para no tener que pensar.

— La "intuición" es la percepción de lo invisible, así como la "percepción" es la intuición de lo visible.

— En la sociedad igualitaria no caben ni los magnánimos ni los humildes, sólo hay campo para las virtudes cursis.

— El hombre no es sino espectador de su impotencia.

— Toda satisfacción es una forma de olvido.

— La explicación de la experiencia religiosa no se encuentra en los manuales de psicología.
Está en los dogmas de la Iglesia.

— Los enemigos del mundo moderno, en el siglo XIX, podían confiar en el futuro.
En este siglo sólo queda la nuda nostalgia del pasado.

— Acostumbramos llamar perfeccionamiento moral el no darnos cuenta de que cambiamos de vicio.

— El relevo de generaciones es el vehículo, pero no el motor de la historia.

— Los cálculos de los inteligentes suelen fallar porque olvidan al tonto, los de los tontos porque olvidan al inteligente.

— Todo individuo con "ideales" es un asesino potencial.

— Como evidentemente la auténtica obra de arte es original, el iletrado se imagina que la obra original es necesariamente obra de arte.

— La historia de estas repúblicas latinoamericanas debiera escribirse sin desdén pero con ironía.

— El viejo adopta inútilmente opiniones de joven para hacer dudar de su vejez.

— Clase social alta es aquella para la cual la actividad económica es medio, clase media aquella para la cual es fin.
El burgués no aspira a ser rico, sino a ser más rico.

— La estupidez táctica del ambicioso peligra convertirse en estupidez auténtica.
La mente del demócrata senil no contiene sino ideas para discurso electoral.

— El futuro apasiona a quienes creen en la eficacia de la voluntad, mientras que el pasado fascina a los que conocen la impotencia de los propósitos humanos.
Lo que el hombre se propone es siempre tedioso, pero lo que obtiene nos asombra a veces.

— Dios es el estorbo del hombre moderno.

— El subconsciente fascina la mentalidad moderna.
Porque allí puede instalar sus tonterías preferidas como hipótesis irrefutables.

— La mayoría de los hombres no tienen derecho a opinar, sino a oír.

— Las regiones más recónditas del alma son siempre las más pobladas.
Los más atrevidos exploradores del alma desembarcan en zonas urbanizadas.

— La trivialidad nunca está en lo que se siente, sino en lo que se dice.

— Hay quienes confiesan, sin avergonzarse, que "estudian" literatura.

— Los gobernantes que representan sólo a una minoría tienen que inventar la civilización para no perecer. Los delegados de una mayoría, en cambio, pueden ser soeces, chabacanos, crueles, impunemente. Mientras mayor sea la mayoría que lo apoya, el gobernante es menos precavido, menos tolerante, menos respetuoso de la diversidad humana. Cuando los gobernantes se juzgan mandatarios de la humanidad entera el terror se aproxima.

— Los hombres discrepan menos porque piensan diferentemente que porque no piensan.

— Una simple coma distingue a veces una trivialidad de una idea.

— Las metas de toda ambición son vanas y su ejercicio deleitoso.

— Sabio es el que no ambiciona nada viviendo como si ambicionara todo.

— Contemplado a la luz de nuestra tristeza o nuestra dicha, de nuestro entusiasmo o nuestro desdén, el mundo muestra una textura tan sutil, una tan fina esencia, que toda visión intelectual, comparada a esa visión de los sentimientos, apenas parece una vulgaridad ingeniosa.

— El "Progreso", la "Democracia", la "Sociedad sin clases", fanatizan a la muchedumbre, pero dejan a las Musas displicentes y frías.

— El futuro del verbo es el tiempo predilecto del imbécil.

— Los artistas modernos ambicionan tanto diferir los unos de los otros que esa misma ambición los agrupa en una sola especie.

— Por mezquina y pobre que sea, toda vida tiene instantes dignos de eternidad.

— Nada más repugnante que lo que el tonto llama "una actividad sexual armoniosa y equilibrada".

La sexualidad higiénica y metódica es la única perversión que execran tanto los demonios como los ángeles.

— La fantasía explota los hallazgos de la imaginación.

— Sin dignidad, sin sobriedad, sin modales finos, no hay prosa que satisfaga plenamente.

Al libro que leemos no pedimos sólo talento, sino también buena educación.

— La buena educación no es, finalmente, sino la manera como se expresa el respeto.

Siendo el respeto, a su vez, un sentimiento que la presencia de una superioridad admitida infunde, donde falten jerarquías, reales o ficticias pero acatadas, la buena educación perece.

La grosería es producto democrático.

— Ante el hombre inteligente que se vuelve marxista sentimos lo mismo que el incrédulo ante la niña bonita que entra al convento.

— No hay tontería en que el hombre moderno no sea capaz de creer, siempre que eluda creer en Cristo.

— El artista actual ambiciona que la sociedad lo repudie y que la prensa lo elogie.

— No es la ciudad celeste del Apocalipsis la que desvela al católico progresista, sino la ciudad-jardín.

— Virtualmente el hombre puede construir aparatos capaces de todo.
Salvo de tener conciencia de sí mismo.

— En ninguna época anterior tuvieron las letras y las artes mayor popularidad que en la nuestra. Artes y letras han invadido la escuela, la prensa y los almanaques.
Ninguna otra, sin embargo, fabricó objetos tan feos, ni soñó sueños tan ramplones, ni adoptó tan sórdidas ideas.
Se dice que el público está mejor educado. Pero no se le nota.

— El arte no educa sino al artista.

— Sabio no es tanto el que dice la verdad como el que conoce el exacto alcance de lo que dice.
El que no cree decir más de lo que está diciendo.

— Quien adquiere experiencia política sólo confía en la máxima clásica: no hagáis hoy lo que podéis dejar para mañana.

— Madurar es transformar un creciente número de lugares comunes en auténtica experiencia espiritual.

— Las ideas tiranizan al que tiene pocas.

— Sociedad aristocrática es aquella donde el anhelo de la perfección personal es el alma de las instituciones sociales.

— Los nuevos catequistas profesan que el Progreso es la encarnación moderna de la esperanza. Pero el Progreso no es una esperanza emergente, sino el eco agonizante de la esperanza desaparecida.

— Los tres enemigos de la literatura son: el periodismo, la sociología, la ética.

— La libertad sólo dura mientras el estado funciona en medio de la indiferencia ciudadana. Amaga despotismo cuando el ciudadano se entusiasma con su gobierno o contra él.

— Europa, propiamente dicha, consta de los países que el feudalismo educó.

— Para el marxista, la rebeldía en sociedades no comunistas es hecho sociológico y en la sociedad comunista hecho psicológico meramente.
Allí se rebela un "explotado", aquí se revela un "traidor".

— Cervantes es culpable de la insulsez de la crítica cervantina española porque legó un libro irónico a un pueblo sin ironía.

— Sólo es inteligente el que no teme estar de acuerdo con tontos.

— Nadie se halla buscándose meramente a sí mismo. La personalidad nace del conflicto con una norma.

— Todo el mundo se siente superior a lo que hace, porque se cree superior a lo que es.
Nadie cree ser lo poco que es en realidad.

— Coherencia y evidencia se excluyen.

— El objeto de mal gusto se fabrica donde el prestigio social hace adquirir objetos que no procuran placer alguno al que los compra.

— Destrucciones y reconstrucciones, en la historia, tienen autor conocido. Las construcciones son anónimas.

— Quien cita a un autor muestra que fue incapaz de asimilárselo.

— Mostrarle al alma inestable que comprendimos su problema, es volverlo insoluble. Una mirada obtusa disuelve angustias.

— La "visión objetiva" no es una visión sin prejuicios, sino una visión sometida a prejuicios ajenos.

— Hay dos formas simétricas de barbarie: la de los pueblos que no tienen sino costumbres y la de los pueblos que no respetan sino leyes.

— No hay que esperar nada de nadie, ni desdeñar nada de nadie.

— Quienes creen en la "Verdad" limitan sus lecturas a los errores populares del día.

— Cuando pensamos que el "alma" de un escritor nos interesa es meramente porque estamos llamando "alma" su talento.

— Para saber qué dijo un hombre inteligente se acostumbra tan sólo escuchar al tonto que lo remeda.

— A ninguno se nos dificulta amar al prójimo que nos parece inferior.
Pero amar al que sabemos superior es otra cosa.

— Toda paz se compra con vilezas.

— El marxismo anuncia que reemplazará con la administración de los bienes el gobierno de las personas.
Desgraciadamente el marxismo enseña que el gobierno de las personas consiste en la administración de los bienes.

— El hombre vive del desorden de su corazón y muere del orden que la vida establece en él.

— Basta, a veces, que una sociedad suprima una costumbre que supone absurda, para que una catástrofe repentina le demuestre su error.

— El clero progresista vitupera la "mentalidad de ghetto" del actual cristiano viejo. Esos clérigos prefieren la actividad mercantil y bursátil del judío moderno al ghetto, donde floreció la fidelidad de Israel.

— Inteligencia sin prejuicios es sólo la que sabe cuáles tiene.

— Solamente porque ordenó amar a los hombres, el clero moderno se resigna a creer en la divinidad de Jesús; cuando, en verdad, es sólo porque creemos en la divinidad de Cristo que nos resignamos a amarlos.

— El espectáculo de una vanidad herida es grotesco cuando la vanidad es ajena y repugnante cuando es nuestra.

— Nadie que se conozca puede absolverse a sí mismo.

— Las filosofías que el público conoce y estima son sartas de vulgaridades atribuidas a nombres ilustres.

— La libertad, para el demócrata, no consiste en poder decir todo lo que piensa, sino en no tener que pensar todo lo que dice.

— Meditar es dialogar con algún muerto.

— Cuando un lugar común nos impresiona creemos tener una idea propia.

— En este siglo de amenazas y de amagos nada más frívolo que ocuparse de cosas serias.

— En el seno de la Iglesia actual, son "integristas" los que no han entendido que el cristianismo necesita una teología nueva y "progresistas" los que no han entendido que la nueva teología debe ser cristiana.

— Al creerme dueño de una verdad no me interesa el argumento que la confirma, sino el que la refuta.

— El anonimato de la ciudad moderna es tan intolerable como la familiaridad de las costumbres actuales.
La vida debe parecerse a un salón de gente bien educada, donde todos se conocen pero donde nadie se abraza.

— El gusto de las masas no se caracteriza por su antipatía a lo excelente, sino por la pasividad con que igualmente gozan de los bueno, lo mediocre, y lo malo. Las masas no tienen mal gusto. Simplemente no tienen gusto.

— El admirador virtual es el corruptor de la prosa.

— No son raros los historiadores franceses para quienes la historia del mundo es un episodio de la historia de Francia.

— El cristiano moderno no pide que Dios lo perdone, sino que admita que el pecado no existe.

— Para poder aliarse con el comunista, el católico de izquierda sostiene que el marxismo meramente critica las acomodaciones burguesas del cristianismo, cuando es su esencia lo que condena.

— Muchos aman al hombre sólo para olvidar a Dios con la conciencia tranquila.

— La Iglesia post-conciliar pretende atraer hacia el "redil", traduciendo en el lenguaje insípido de la cancillería vaticana los lugares comunes del periodismo contemporáneo.

— Cuando oímos hoy exclamar: ¡muy civilizado!, ¡muy humano!, no debemos vacilar: se trata de alguna abyecta porquería.

— El estado de tensión entre clases sociales, fenómeno estructural y constante, se metamorfosea en lucha de clases, sólo cuando lo utiliza una clase política como mecanismo demagógico.

— Los dioses no castigan la búsqueda de la felicidad, sino la ambición de forjarla con nuestras propias manos.
Sólo es lícito el anhelo de lo gratuito, de lo que no depende en nada de nosotros. Simple huella de un ángel que se posa un instante sobre el polvo de nuestro corazón.

— El individualismo doctrinario no es peligroso porque produzca individuos, sino porque los suprime.
El producto del individualismo doctrinario del XIX es el hombre-masa del XX.

— Tres personajes, en nuestro tiempo, detestan profesionalmente al burgués:

El intelectual —ese típico representante de la burguesía; el comunista —ese fiel ejecutante de los propósitos y los ideales burgueses; el clérigo progresista —ese triunfo final de la mente burguesa sobre el alma cristiana.

— La lucha contra el desorden es más noble que el orden mismo.

El hombre dueño de sí mismo no es tan magnánimo como el que reprime la insurrección de su alma.

El más hondo silencio es el de una muchedumbre aterrada

— Nuestra sociedad insiste en elegir a sus gobernantes para que el azar del nacimiento, o el capricho del monarca, no entreguen el poder, de pronto, a un hombre inteligente.

— La imparcialidad es hija de la pereza y del miedo.

— Ser cristianos a la moda actual consiste menos en arrepentirnos de nuestros pecados que en arrepentirnos del cristianismo.

— El cristiano moderno se siente obligado profesionalmente a mostrarse jovial y jocoso, a exhibir los dientes
en benévola sonrisa, a profesar cordialidad babosa, para
probarle al incrédulo que el cristianismo no es religión
"sombría", doctrina "pesimista", moral "ascética".
El cristiano progresista nos sacude la mano con ancha
risa electoral.

— Hombre culto es aquel para quien nada carece de
interés y casi todo de importancia.

— Al perecer las aristocracias estallan, las democracias
se desinflan.

— Los tontos antes atacaban a la Iglesia, ahora la refor-
man.

— Las tres hipóstasis del egoísmo son: el individualismo, el nacionalismo, el colectivismo.
La trinidad democrática.

— El reaccionario inventó el diálogo al observar la
desemejanza de los hombres y la variedad de sus propósitos.
El demócrata practica el monólogo, porque la humanidad se expresa por su boca.

— El católico de izquierda acierta al descubrir en el burgués al rico de la parábola, pero yerra al identificar al proletariado militante con los pobres del Evangelio.

— Los hombres se dividen entre los que insisten en aprovechar las injusticias de hoy y los que anhelan aprovechar las de mañana.

— El amor a la pobreza es cristiano, pero la adulación al pobre es mera técnica de reclutamiento electoral.

— Para no pensar en el mundo que la ciencia describe, el hombre se embriaga de técnica

— El individuo busca el calor de la muchedumbre, en este siglo, para defenderse del frío que emana del cadáver del mundo.

— La originalidad intencional y sistemática es el uniforme contemporáneo de la mediocridad.

— Periodismo es escribir exclusivamente para los demás.

— Los conflictos modernos se originan menos en el propósito de vencer al adversario que en el anhelo de suprimir el conflicto.

Botín, ideología, o aventura, han motivado menos guerras en nuestro tiempo que el sueño idílico de paz.

— La política no es el arte de imponer las mejores soluciones, sino de estorbar las peores.

— Nadie se rebela contra la autoridad, sino contra quienes la usurpan.

— Los pobres, en verdad, sólo odian la riqueza estúpida.

— No es tanto que la mentalidad moderna niegue la existencia de Dios como que no logra dar sentido al vocablo.

— El progresista defiende el Progreso diciendo que existe.
El asesino también existe, y el juez lo condena.

— Las opiniones revolucionarias son la única carrera, en la actual sociedad, que asegure una posición social, respetable, lucrativa, y plácida.

— La estadística es la herramienta del que renuncia a comprender para poder manipular.

— La psicología moderna renunció a la introspección, no tanto para obtener resultados más exactos como menos inquietantes.

— Cuando la individualidad se marchita, la sociología florece.

— Sólo hay instantes.

— La sociedad moderna desatiende los problemas básicos del hombre, pues apenas tiene tiempo para atender los que ella suscita.

— El primitivo transforma los objetos en sujetos, el moderno los sujetos en objetos.

Podemos suponer que el primero se engaña, pero sabemos con certeza que el segundo se equivoca.

— Desde hace dos siglos el pueblo lleva a cuestas no solamente a quienes lo explotan, sino también a sus libertadores.

Su espalda se encorva bajo el doble peso.

— Al desaparecer su profundidad religiosa, las cosas se reducen a una superficie sin espesor donde se transparenta la nada.

— Para convencer a nuestros interlocutores suele ser necesario inventar argumentos despreciables, fraudulentos y ridículos.
Quien respeta al prójimo fracasa como apóstol.

— Los libros divertidos avergüenzan al iletrado.

— La muerte de Dios es opinión interesante, pero que no afecta a Dios.

— Los contemporáneos respetan los libros tediosos cuando son pretenciosos y pedantes.
La posteridad se ríe de esos ídolos polvorientos, para venerar, claro está, a los análogos santones de su tiempo.

— La Iglesia, al abrir de par en par sus puertas, quiso facilitarles la entrada a los de afuera, sin pensar que más bien les facilitaba la salida a los de adentro.

— Madurar es ver crecer el número de cosas sobre las cuales parece grotesco opinar, en pro o en contra.

— Inteligente es aquel a quien parece difícil lo que a los demás parece fácil.

El número de soluciones atrevidas que un político propone crece con la estupidez de los oyentes.

— La convicción honesta no rechaza la posibilidad de ser equivocada, meramente no concibe la probabilidad de estarlo.

— La filosofía que elude el problema del mal es cuento de hadas para niños bobos.

— Complicar es la más alta prerrogativa del hombre.

— No hay quien no descubra de pronto la importancia de virtudes que desprecia.

— El intelectual latino-americano tiene que buscarles problemas a las soluciones que importa.

— La pintura actual tiene más aficionados que la actual literatura, porque el cuadro se deja ver en dos segundos de aburrimiento, mientras que el libro no se deja leer en menos de dos horas de tedio.

— La grandilocuencia de las teorías estéticas crece con la mediocridad de las obras, como la de los oradores con la decadencia de su patria.

— La crisis actual del cristianismo no ha sido provocada por la ciencia, o por la historia, sino por los nuevos medios de comunicación.
El progresismo religioso es el empeño de adaptar las doctrinas cristianas a las opiniones patrocinadas por las agencias de noticias y los agentes de publicidad.

— La obediencia del católico se ha trocado en una infinita docilidad a todos los vientos del mundo.

— El vulgo sólo cree pensar libremente cuando su razón capitula en manos de entusiasmos colectivos.

— Para distraer al pueblo mientras lo explotan, los despotismos tontos eligen luchas de circo, mientras que el despotismo astuto prefiere luchas electorales.

— No habiendo logrado que los hombres practiquen lo que enseña, la Iglesia actual ha resuelto enseñar lo que practican.

— Ningún partido, secta, o religión, debe confiar en quienes saben las razones por las cuales se afilian. Toda adhesión auténtica, en religión, política, amor, precede el raciocinio. El traidor siempre ha escogido racionalmente el partido que traiciona.

— El pueblo no cree nunca que quien habla enfáticamente diga tonterías.

— Con buen humor y pesimismo no es posible ni equivocarse ni aburrirse.

— Para interpretar a ciertos hombres, la sociología basta. La psicología sobra.

— El revolucionario es, básicamente, un hombre que no sospecha que la humanidad pueda atentar contra sí misma.

— El reaccionario simpatiza con el revolucionario de hoy, porque lo venga del de ayer.

— Debemos respetar al individuo eminente que el pueblo respeta, aun cuando no lo merezca, para no irrespetar la noción de respeto.

— En sociedades donde todos se creen iguales, la inevitable superioridad de unos pocos hace que los demás se sientan fracasados.
Inversamente, en sociedades donde la desigualdad es norma, cada cual se instala en su diferencia propia, sin sentir la urgencia, ni concebir la posibilidad, de compararse.
Sólo una estructura jerárquica es compasiva con los mediocres y los humildes.

— La tarea del historiador consiste menos en explicar lo que pasó, que en hacer comprender cómo el contemporáneo comprendía lo que le pasó.

— Así como en nuestra sociedad triunfan los bajos fondos sociales, así en nuestra literatura triunfan los bajos fondos del alma.

— El reaccionario, hoy, es meramente un pasajero que naufraga con dignidad.

— Para el tonto sólo son auténticos los comportamientos conformes a la última tesis psicológica de moda.

El tonto, al observarse a sí mismo, se ve siempre corroborando experimentalmente cualquier bobada que presuma científica.

— ¿Mis hermanos? Si. —¿Mis iguales? No. Porque los hay menores y los hay mayores.

— La novela pornográfica abortará siempre, porque la cópula no es acto del individuo, sino actividad de la especie.

— Dios no pide nuestra "colaboración", sino nuestra humildad.

— Nada más difícil que comprender la incomprensión ajena.

— Los católicos han perdido hasta la simpática capacidad de pecar sin argumentar que el pecado no existe.

— Nadie desprecia tanto la tontería de ayer como el tonto de hoy.

— Cada día espero menos tropezar con quien no abrigue la certeza de saber cómo se curan los males del mundo.

— El hombre común suele tener personalidad en el trato cotidiano.
Pero el afán de expresarla lo transforma en exponente de los tópicos de moda.

— La vulgaridad nace cuando la autenticidad se pierde. La autenticidad se pierde cuando la buscamos.

— Los hombres son menos iguales de lo que dicen y más de lo que piensan.

— El más interesante capítulo de la sociología está por escribir: el que estudie las repercusiones somáticas de los hechos sociales.

— El antropólogo actual, bajo la mirada severa de los demócratas, trota rápidamente sobre las diferencias étnicas como sobre ascuas.

— "Pureza", "poesía", "autenticidad", "dignidad", son las voces claves del actual léxico técnico para hablar de cualquier relato pornográfico.

— La actitud revolucionaria de la juventud moderna es inequívoca prueba de aptitud para la carrera administrativa. Las revoluciones son perfectas incubadoras de burócratas.

— Para democratizar al cristianismo tienen que adulterar los textos, leyendo: igual donde dicen: hermano.

— La vejez no arrincona al hombre inteligente, sino le arrincona al mundo.

— ¿La tragedia de la izquierda? — Diagnosticar la enfermedad correctamente, pero agravarla con su terapéutica.

— La excelencia técnica del trabajo intelectual ha llegado a tal punto que las bibliotecas revientan de libros que no podemos desdeñar, pero que no vale le pena leer.

— La vida es taller de jerarquías.
Sólo la muerte es demócrata.

— "Actividades culturales" es expresión que no oímos
en boca del que espontáneamente las ejerce, sino en
boca del que las practica por lucro o por prestigio.

— La propaganda cultural de los últimos decenios (escolar, periodística, etc.) no ha educado al público, meramente ha logrado, como tanto misionero, que los
indígenas celebren sus ceremonias clandestinamente.

— La tarea, ya secular, de "democratizar la cultura" no
ha conseguido que más gente admire, verbigracia, a
Shakespeare o a Racine, sino que más gente crea admi-
rarlos.

— Nada dura, ciertamente, y sólo cuentan instantes,
pero el instante reserva su esplendor para el que lo
imagina eterno.
Sólo vale lo efímero que parece inmortal.

— La auténtica inteligencia ve espontáneamente aun el
hecho más humilde de la vida cotidiana a la luz de la
idea más general.

— La interjección es el tribunal supremo el arte.

— En épocas como ésta, el que tenga orgullo no puede rebajarse a la "altura de los tiempos".

— Para ridiculizar lícitamente el espectáculo de las ambiciones ajenas, se requiere previamente estrangular las nuestras.

— "Dignidad del hombre", "grandeza del hombre", "derechos del hombre", etc.; hemorragia verbal que la simple visión matutina de nuestra cara en el espejo, al rasurarnos, debería restañar.

— Los problemas humanos no son ni exactamente definibles, ni remotamente solubles.
El que espera que el cristianismo los resuelva dejó de ser cristiano.

— Habiendo promulgado el dogma de la inocencia original, la democracia concluye que el culpable del crimen no es el asesino envidioso, sino la victima que despertó su envidia.

— Este siglo está resultando espectáculo interesante: no por lo que hace, sino por lo que deshace.

— El hombre moderno teme la capacidad de destrucción de la técnica, cuando es su capacidad de construcción lo que lo amenaza.

— Cuando se extingue la raza de egoístas absortos en su propio perfeccionamiento, nadie nos recuerda que tenemos el deber de salvar nuestra inteligencia, aun después de perder la esperanza de salvar el pellejo.

— Los náufragos perdonan más fácilmente al piloto imprudente que hunde la "nave" que al pasajero inteligente, que predice su deriva hacia el escollo.

— Hay vicios de arcángel caído y vicios de simple plebe infernal.

— Cada individuo llama "cultura" la suma de las cosas que mira con aburrición respetuosa.

— Clérigos y periodistas han embadurnado de tanto sentimentalismo el vocablo "amor" que su solo eco hiede.

— El hombre, hasta ayer, no merecía que lo llamasen animal racional. La definición fue inexacta mientras inventaba, de preferencia actitudes religiosas y comportamientos éticos, tareas estéticas y meditaciones filosóficas. Hoy, en cambio, el hombre se limita a ser animal racional, es decir: inventor de recetas práticas al servicio de su animalidad.

— Educar no consiste en colaborar al libre desarrollo del individuo, sino en apelar a lo que todos tienen de decente contra lo que todos tienen de perverso.

— Los verdaderos problemas no tienen solución sino historia.

— Quienes piden que la Iglesia se adapte al pensamiento moderno, acostumbran confundir la urgencia de respetar ciertas reglas metodológicas con la obligación de adoptar un repertorio de postulados imbéciles.

— El máximo pecado del historiador está en ver una época cualquiera sólo como anticipación, preparación o causa, de otra.

Escolios a un Texto Implícito

Tomo II

(Selección)

— Mutilamos obligaciones y placeres cuando ignoramos que cada cosa trae consigo el criterio que la condena o que la absuelve.

— El que meramente se resigna a su suerte se siente frustrado por un destino sin sentido. El que humildemente la acepta sabe que tan sólo no entiende el significado de la divina decisión que lo concierne.

— El único escritor del XVIII resucitado por la admiración de nuestros contemporáneos ha sido Sade. Visitantes que de un palacio no admiran sino las letrinas.

— Cuando el católico se defiende mejor contra los vicios que contra la herejía, ya es poco el cristianismo que queda en su cabeza.

— Visitar un museo o leer a un clásico son, para las muchedumbres contemporáneas, simples comportamientos éticos.

— Con frecuencia descubrimos, al cabo de los años, que las soluciones deliberadas resultan más intolerables que los problemas.

— La crítica "estéril" logra a veces esas conversiones del alma que modifican substancialmente los problemas. La crítica "constructiva" sólo multiplica catástrofes.

— Para aligerar la nave cristiana, que zozobra en aguas modernas la teología liberal se desembarazó ayer de la divinidad de Cristo, la teología radical se desembaraza hoy de la existencia de Dios.

— El intelectual de izquierda no ataca con intrepidez y arrogancia sino las ideas que cree muertas.

— Evidentemente en muchos casos inventamos nuestras ideas, pero no somos los primeros, ni los únicos, en inventarlas.

— Cualquiera tiene derecho a ser estúpido, pero no a exigir que veneremos sus estupideces.

— El tráfago moderno no dificulta creer en Dios, pero imposibilita sentirlo.

— La inteligencia se robustece con los lugares comunes eternos. Y se debilita con los de su tiempo y su sitio.

— De nada sirve al mediocre emigrar a donde moran los grandes. Todos llevamos nuestra mediocridad a cuestas.

— Historia es lo que reconstruye una imaginación capaz de pensar conciencias ajenas. Lo demás es política.

— La distancia entre jóvenes y viejos es hoy igual a la de siempre. Hoy se habla de "abismo" entre generaciones, porque el adulto actual se niega a envejecer y el joven, con el irrespeto debido, le asegura que envejeció.

— Cupo a este siglo el privilegio de inventar el pedantismo de la obscenidad.

— A medida que suben las aguas de este siglo, los sentimientos delicados y nobles, los gustos voluptuosos y finos, las ideas discretas y profundas, se refugian en unas pocas almas señeras, como los sobrevivientes del diluvio sobre algunos picos silenciosos.

— Gastamos una vida en comprender lo que un extraño comprende de un vistazo: que somos tan insignificantes como los demás.

— A fuerza de adaptarse a la "mentalidad moderna", el cristianismo se volvió una doctrina que no es difícil acatar, ni es interesante hacerlo.

— Las revoluciones latinoamericanas nunca han pretendido más que entregar el poder a algún Directoire.

— El cristianismo no es doctrina para clase media.
Ni para clase media económica. Ni para clase media intelectual.
Carece, pues, de porvenir.

— Aquellos cuya gratitud por el beneficio recibido se convierte en devoción a la persona que lo otorga, en lugar de degenerar en el odio acostumbrado que todo benefactor despierta, son aristócratas.
Aun cuando caminen en harapos.

— El fervor del culto que el demócrata rinde a la humanidad sólo es comparable a la frialdad con que irrespeta al individuo.

El reaccionario desdeña al hombre, sin encontrar individuo que desprecie.

— El verdadero crimen del colonialismo fue la conversión en arrabales de Occidente de los grandes pueblos asiáticos.

— Lo personal en el artista no es la persona, sino su visión del mundo.

— Ser civilizado es poder criticar aquello en que creemos sin dejar de creer en ello.

— Las familias suelen ser células purulentas de estupidez y desdicha, porque una necesidad irónica exige que el gobierno de tan elementales estructuras requiera tanta inteligencia, astucia, diplomacia, como el de un estado.

— Las empresas políticas mejor concertadas, así como las más sabias medidas económicas, sólo son albures donde se acierta por chiripa.
El estadista engreído con su acierto pretende que compró a sabiendas el billete ganador.

— Quien mira sin admirar ni odiar, no ha visto.

— El historiador no se instala en el pasado con el propósito de entender mejor el presente.
Lo que fuimos no le interesa para indagar qué somos.
Lo que somos le interesa para averiguar qué fuimos.
El pasado no es la meta aparente del historiador, sino su meta real.

— La desintegración creciente de la persona se mide comparando la expresión "aventura amorosa", que se estilaba en el XVIII, con la expresión "experiencia sexual" que usa el siglo XX.

— Con quien ignora determinados libros no hay discusión posible.

— No existe individuo que, al medirse desprevenidamente a sí mismo, no se descubra inferior a muchos, superior a pocos, igual a ninguno.

— La vida religiosa comienza cuando descubrimos que Dios no es postulado de la ética, sino la única aventura en que vale la pena arriesgarnos.

— Llámase socialista la economía que monta laboriosamente los mecanismos espontáneos del capitalismo.

— Con el objeto de impedir peligrosas concentraciones de poder económico en manos de unas pocas sociedades anónimas, el socialismo propone que la totalidad del poder económico se confíe a una sociedad anónima señera llamada estado.

— El adversario de los principios modernos no tiene aliados más leales que las consecuencias de esos principios.

— Sería más fácil resolver los problemas modernos, si, por ejemplo, cupiera sostener utópicamente que sólo la avidez mercantil del fabricante multiplica los artículos plásticos, y no la admiración idiota de los presuntos compradores.

— El hombre moderno no expulsa a Dios, para asumir la responsabilidad del mundo.
Sino para no tener que asumirla.

— En este aburguesamiento universal, añoro menos la aristocracia muerta que el pueblo desaparecido.

— La inteligencia no consiste en le manejo de ideas inteligentes, sino en el manejo inteligente de cualquier idea.

— La inepcia y la sandez de la palabrería episcopal y pontificia nos turbarían, si nosotros, cristianos viejos, no hubiésemos aprendido, felizmente, desde pequeños, a dormir durante el sermón.

— Cuando oímos los acordes finales de un himno nacional, sabemos con certeza que alguien acaba de decir tonterías.

— Dios es el término con que le notificamos al universo que no es todo.

— El técnico se cree un ser superior, porque sabe lo que, por definición, cualquiera puede aprender.

— Sus obras envanecen al hombre, porque olvida que si lo que hace es suyo, no es suyo el tener la capacidad de hacerlo.

— El diálogo pervierte a sus participantes. O porfían por pugnacidad, o conceden por desidia.

— Más de un milenio duró el período de la historia europea durante el cual la salvación social fue posible. Y varias veces conseguida. Pero en tiempos democráticos, o cesáreos, tan sólo podemos salvar el alma. Y eso no siempre.

— Indignado con el burgués que "tranquiliza su conciencia" dando limosna de su propio peculio, el católico de izquierda se propone hacerlo abnegadamente repartiendo el peculio ajeno.

— Toda recta lleva derecho a un infierno.

— Las calles no fascinan la imaginación sino cuando serpean entre muros ciegos.

— La sociedad moderna abriga el peculiar propósito de cambiar sistemáticamente las autoridades sociales por autoridades políticas. Es decir: las instancias civilizadoras por cargos administrativos.

— Lo que el psicólogo actual rechaza enfáticamente es menos la noción de instinto que la palabra instinto.

— Ya que explicar es identificar, el conocimiento no es explicativo donde la individualidad es su objeto.

— No es fácil discernir si el periodismo contemporáneo es un cínico propósito de lucrarse envileciendo al hombre o un apostolado "cultural" de mentes irremediablemente incultas.

— La lucidez, en el siglo XX, tiene por requisito la abdicación a la esperanza.

— Muchos creen que el enunciado lacónico es dogmático y estiman la generosidad de una inteligencia proporcional a la prolijidad de su prosa.

— Una cultura muere cuando nadie sabe en qué consiste, o cuando todos creen saberlo.

— El mundo moderno censura con acrimonia a quienes le "voltean la espalda a la vida".
Como si fuese posible saber con certeza que voltearle la espalda a la vida no sea volver la cara hacia la luz.

— Los conflictos sociales, en una sociedad sana, se plantean entre sectores funcionales, en una sociedad enferma entre estratos económicos.

— No acusemos al moderno de haber matado a Dios. Ese crimen no está a su alcance.

Sino de haber matado a los dioses.

Dios sigue intacto, pero el universo se marchita y se pudre porque los dioses subalternos perecieron.

— La poesía es la huella dactilar de Dios en la arcilla humana.

— Los que no queremos pertenecer a este siglo de envidia tenemos que cercenarle diariamente siete cabezas a la envidia de nuestro corazón.

— Frente a tanto intelectual soso, a tanto artista sin talento, a tanto revolucionario estereotipado, un burgués sin pretensiones parece una estatua griega.

— Nuestra miseria proviene menos de nuestros problemas que de las soluciones que les son idóneas.

— La Iglesia pudo bautizar a la sociedad medieval porque era sociedad de pecadores, pero su porvenir no es halagüeño en la sociedad moderna donde todos se creen inocentes.

— Muchas doctrinas valen menos por los aciertos que contiene que por los errores que rechazan.

— Este siglo tonto tolera que la vulgaridad del erotismo lo prive de los deleites de la impudicia.

— El reaccionario no se vuelve conservador sino en las épocas que guardan algo digno de ser conservado.

— Los nuevos liturgistas han suprimido los púlpitos sagrados para que ningún malévolo sostenga que la Iglesia pretende rivalizar con las cátedras profanas.

— La filosofía es el arte de formular lúcidamente problemas.
Inventar soluciones no es ocupación de inteligencias serias.

— Los que pretenden abolir la alienación del hombre, cambiando la estructura jurídica de la economía, recuerdan al que resolvió el problema de su infortunio conyugal vendiendo el sofá del adulterio.

— La Musa no visita al que más trabaja, o al que menos trabaja, sino a quien se le da la gana.

— Sólo logramos decir lo que queremos, cuando casualmente decimos lo que debemos.

— El mundo moderno nos exige que aprobemos lo que ni siquiera debería atreverse a pedir que toleráramos.

— La colonia que se independiza pasa de la imitación confesa a la originalidad postiza.

— Periodistas y políticos no saben distinguir entre el desarrollo de una idea y la expansión de una frase.

— Los que le quitan al hombre sus cadenas liberan soló a un animal.

— La historia se reduciría a un inventario tipológico, si cada una de sus instancias típicas no fuese inherente a una persona.

— Tanto como el hecho que humilla nuestro orgullo, me regocija el gesto noble que disipa la aprensión de nuestra radical vileza.

— Nunca podemos contar con el que no se mira a sí mismo con mirada de entomólogo.

— El mundo le parece menos ajeno al que actúa que su propia alma al que se observa.

— El Progreso se reduce finalmente a robarle al hombre lo que lo ennoblece, para poder venderle barato lo que le envilece.

— Si los europeos renuncian a sus particularismos para procrear al "buen europeo", temamos que sólo engendren a otro norteamericano.

— La puerta de la realidad es horizontal.

— Los peores demagogos no se reclutan entre los pobres envidiosos, sino entre los ricos vergonzantes.

— El marxista no duda de la perversidad de su adversario. El reaccionario meramente sospecha que el suyo es estúpido.

— El historiador trata la historia en retratista. El sociólogo en policía que la ficha.

— El incrédulo no perdona al apóstata que le confirme su incredulidad.

— Los católicos no sospechan que el mundo se siente estafado con cada concesión que el catolicismo le hace.

— Sobre el campanario de la iglesia moderna, el clero progresista, en vez de cruz, coloca una veleta.

— La revolución — toda revolución, la revolución en sí— es la matriz de las burguesías.

— La primera revolución estalló cuando se le ocurrió a algún tonto que el derecho se podía inventar.

— Período histórico es el lapso durante el cual predomina una determinada definición de lo legítimo.
Revolución es el tránsito de una definición a otra.

— Siendo las cosas que no ennoblece la vejez tan raras como los hombres que la vejez ennoblece, el mundo moderno destruye las cosas viejas y prolongan la senectud del hombre.

— Los prejuicios son postulados que quieren dárselas de evidencias.

— La lectura del periódico envilece al que no embrutece.

— Uno a uno, talvez los hombres sean nuestros prójimos, pero amontonados seguramente no lo son.

— La democracia no confía el poder a quien no le hace el homenaje de sacrificarle la conciencia y el gusto.

— Tanta es la fe del marxista en Marx que usualmente se abstiene de leerlo.

— La fe en Dios no resuelve los problemas, pero los vuelve irrisorios. La serenidad del creyente no es presunción de ciencia, sino plenitud de confianza.

— El castigo del que se busca es que se encuentra.

— Saber cuáles son las reformas que el mundo necesita es el único síntoma inequívoco de estupidez.

— Aun cuando la desigualdad no fuera imborrable, deberíamos preferirla a la igualdad por amor a la policromía.

— Gran historiador no es tanto el que advierte defectos en lo que admira como el que admite virtudes en lo que detesta.

— Los viejos despotismos se limitaban a encerrar al hombre en la vida privada, los del nuevo cuño prefieren que no tenga sino vida pública.

Para domesticar al hombre basta politizar todos sus gestos.

— El terror es el régimen natural de toda sociedad sin rastros de feudalismo.

— Sabiendo que no puede ganar, el reaccionario no tiene ganas de mentir.

— Ojalá resucitaran los "filósofos" del XVIII, con su ingenio, su sarcasmo, su osadía, para que minaran, desmantelaran, demolieran, los "prejuicios" de este siglo.

Los prejuicios que nos legaron ellos.

— Generalizar extiende nuestro poder y empobrece nuestro espíritu.

— El más repulsivo y grotesco de los espectáculos es el de la superioridad de profesor vivo sobre genio muerto.

— Los pecados que escandalizan al público son menos graves que los que tolera.

— Los revolucionarios actuales sólo son herederos impacientes. De revolución se hablará seriamente, cuando el "consumo" odiado no sea meramente el consumo ajeno.

— De la putrefacción de la civilización moderna sólo se duda en país sub-desarrollado.

— Los tres enemigos del hombre son: el demonio, el estado y la técnica.

— La fisiología por un lado, la sociología por otro, firmaron la partición de la psicología. La vida personal ha sido abolida, como la dieta polonesa.

— Dios es la región a donde llega finalmente el que camina hacia delante. El que no camina en órbita.

— La más ominosa de las perversiones modernas es la vergüenza de parecer ingenuos sino coqueteamos con el mal.

— El historiador debe mostrarnos que el pretérito fue, a la vez, trivial como todo presente y fascinante como todo pasado.

— No soy un intelectual moderno inconforme, sino un campesino medieval indignado.

— El escritor no puede ufanarse de los aciertos que obtenga, sino de los desaciertos que eluda.

— La civilización moderna recluta automáticamente a todo el que se mueva.

— El propósito de dialogar, hoy, presupone la intención de traicionar.

— Como la destreza electoral del demócrata nos parece prueba de inteligencia, las sandeces de sus declaraciones públicas nos parecen deliberadas.
Hasta que descubrimos, asombrados, que cree en ellas.

— Las ideas tontas son inmortales.

Cada nueva generación las inventa nuevamente.

— Tratemos, al envejecer, de asumir actitudes que nuestra adolescencia hubiese aprobado y de tener ideas que no hubiese entendido.

— Nada más frecuente que sentirnos dueños de varias ideas, porque sólo atrapamos expresiones inadecuadas de la misma.

— El alma de los jóvenes aburriría menos, sino la exhibieran tanto.

— El clero progresista no decepciona nunca al aficionado a lo ridículo.

— Es más fácil perdonarle el progreso al progresista que su fe.

— La historia del cristianismo revela al cristiano qué presencia Cristo ha querido tener en la historia.

Pretender borrar esa historia, para retornar al solo Cristo evangélico, no es gesto de devoción sino de orgullo.

— Revelación es el valor que le sobreviene de pronto a un hecho psicológico.

— Un gesto, un gesto solo, basta a veces para justificar la existencia del mundo.

— Cuando la razón levanta el vuelo para escapar a la historia, no es en lo absoluto donde se posa, sino en la moda del día.

— La confusión es el resultado normal del diálogo. Salvo cuando un solo autor lo inventa.

— El tiempo modifica la topografía de nuestras convicciones.

— Los pensadores contemporáneos difieren entre sí como los hoteles internacionales, cuya estructura uniforme se adorna superficialmente con motivos indígenas.
Cuando, en verdad, sólo es interesante el localismo mental que se expresa en léxico cosmopolita.

— El capitalismo es abominable porque logra la prosperidad repugnante vanamente prometida por el socialismo que lo odia.

— El individualismo religioso olvida al prójimo, el comunitarismo olvida a Dios. Siempre es más grave error el segundo.

— El suicidio más acostumbrado en nuestro tiempo consiste en pegarse un balazo en el alma.

— El optimismo es gesto de enfermo asustado.

— Tan grande es la distancia entre Dios y la inteligencia humana que sólo una teología infantil no es pueril.

— El reaccionario no respeta todo lo que trae la historia, pero respeta solamente lo que trae.

— El teólogo moderno anhela transformar la doctrina cristiana en simple ideología de comportamientos comunitarios.

— Quienes profetizan más que indefinidas alternancias de decadencias y de ascensos, esconden algún producto equívoco para la venta al contado.

— Las doctrinas que pretenden mover muchedumbres tienen que ocultar, púdicamente, la inevitable arbitrariedad de sus postulados y la inevitable incertidumbre de sus conclusiones.

— Ser auténticamente moderno es, en cualquier siglo, indicio de mediocridad.

— La humanidad actual sustituyó el mito de una pretérita edad de oro con el de una futura edad de plástico.

— Al cabo de unos años, sólo oímos la voz del que habló sin estridencias.

— Las "soluciones" son las ideologías de la estupidez.

— La castidad, pasada la juventud, más que de la ética, hace parte del buen gusto.

— Descubrir la faz de Cristo, en el rostro del hombre moderno, requiere más que un acto de fe, un acto de credulidad.

— A la vida no podemos ni ponerle condiciones ni recibirle todo lo que da.

— Debemos acoger cortésmente en nuestras almas toda la belleza del mundo. Sin entregar nuestro corazón eterno a ese huésped transeúnte.

— Debemos resignarnos a que nada dure, pero negarnos a acelerar su fin.

— Los caprichos de sus pasiones quizá salven al hombre de la catástrofe hacia la cual lo precipitan los automatismos de su inteligencia.

— Dios es la verdad de todas las ilusiones.

— La verdadera religión es monástica, ascética, autoritaria, jerárquica.

— Acabamos comprendiendo al que sabe lo que dice, por complicado que sea lo que diga. Pero es imposible entender al que meramente se imagina saberlo.

— La creencia en la solubilidad fundamental de los problemas es característica propia al mundo moderno. Que todo antagonismo de principios es simple equívoco, que habrá aspirina para toda cefalalgia.

— Sentirnos capaces de leer textos literarios con imparcialidad de profesor es confesar que la literatura dejó de gustarnos.

— Mientras más radicalmente comparta los prejuicios de su tiempo, más fácil le es al historiador creerse dueño de criterios objetivos para juzgar la historia.
La moda es el único absoluto que nadie suele disputar.

— El acto de despojar de sus bienes a un individuo se llama robo, cuando otro individuo lo despoja.
Y justicia social, cuando una colectividad entera lo roba.

— Los biógrafos del escritor suelen eliminar a la persona, para ocuparse de su vida insignificante.

— A finales del siglo pasado sólo hubo un "arte sin estilo", en la segunda mitad de éste sólo hay un estilo sin arte.

— Las extravagancias del arte moderno están enseñándonos a apreciar debidamente las insipideces del arte clásico.

— Las burocracias no suceden casualmente a las revoluciones. Las revoluciones son los partos sangrientos de las burocracias.

— Las más nobles cosas de la tierra quizá no existan, sino en las palabras que las evocan. Pero basta que allí estén, para que sean.

— Las insolencias del adolescente no son más que patadas del asno que se acomoda al establo. Mientras que la insolencia del adulto que arroja bruscamente de sus hombros los años de paciencia que lo encorvan es un espectáculo admirable.

— Obligaciones o placeres, objetos o personas: basta moverlos del sitio subordinado que a cada cual corresponde, para convertirlos en nada.

— Todo inconforme sabe, en el fondo del alma, que el sitio que su vanidad rechaza es el sitio mismo que su naturaleza le fijó.

— Hay menos ambiciosos en el mundo que individuos que hoy se creen obligados moralmente a serlo.

— Religión y ciencia no deben firmar pactos de límites, sino tratado de desconocimiento recíproco.

— A lo más que puede aspirar el hombre que se conoce es a ser lo menos repugnante posible.

— Postulado básico de la democracia: la ley es la conciencia del ciudadano.

— La tolerancia consiste en una firme decisión de permitir que insulten todo lo que pretendemos querer y respetar, siempre que no amenacen nuestra comodidades materiales.
El hombre moderno, liberal, demócrata, progresista, siempre que no le pisen los callos, tolera que le empuerquen el alma.

— Decir que la libertad consiste en cosa distinta de hacer lo que queremos es mentira.
Que convenga, por otra parte, limitar la libertad es cosa evidente.
Pero el engaño comienza cuando pretenden identificarla con las limitaciones que le imponen.

— La historia moderna se reduce, en última instancia a la derrota de la burguesía y a la victoria de las ideas burguesas.

— El predicador del reino de Dios cuando no es Cristo el que predica, acaba predicando el reino del hombre.

— Cuando despierta en nosotros el anhelo de otros lugares, de otros siglos, no es realmente en tal o cual tiempo, en tal o cual país, donde deseamos vivir, sino en las frases mismas del escritor que supo hablarnos de ese país o de ese tiempo.

— Naciones e individuos, salvo excepciones raras, sólo se portan con decencia cuando las circunstancias no les permiten otra cosa.

— Si el burgués de ayer compraba cuadros porque su tema era sentimental o pintoresco, el burgués de hoy no los compra cuando tienen tema pintoresco o sentimental.
El tema sigue vendiendo el cuadro.

— La ética debe ser la estética de la conducta.

— El que no se anticipa a la vejez no prolonga su juventud, sino corrompe hasta sus recuerdos.

— Mientras no convierten la igualdad en dogma, nos podemos tratar como iguales.

— No añoro una naturaleza virgen, una naturaleza sin la huella campesina que la ennoblece y sin el palacio que corona la colina.
Sino una naturaleza a salvo de industrialismos plebeyos y de manipuleos irreverentes.

— El escritor que no ha torturado sus frases tortura al lector.

— El hombre moderno se encarceló en su autonomía, sordo al misterioso rumor de oleaje que golpea contra nuestra soledad.

— El hombre cierra los ojos ante los verdaderos problemas, como el comentarista ante las verdaderas dificultades del texto.

— Cuando el diálogo es el último recurso, la situación ya no tiene remedio.

— El cristianismo no inventó la noción de pecado, sino la de perdón.

— El universo no se venga de quienes lo tratan como mecanismo inánime, haciéndolos morir humillados, sino prósperos y embrutecidos.

— La sociedad moderna procede simultáneamente a volverse inhóspita a los viejos y a multiplicar su número, prologando su vida.

— El moderno ya no se atreve a predicar que el individuo nazca como página blanca. Demasiados descalabros le enseñaron que somos los herederos agobiados de nuestra familia, nuestra raza, nuestra sangre. La sangre no es líquido inocente, sino viscosa pasta histórica.

— Ciertas cosas sólo son interesantes vividas, otras sólo lo son imaginadas.

— No demos a nadie la ocasión de ser vil. La aprovecha.

— La razón corrige los errores lógicos, pero los errores espirituales sólo son corregibles por una conversión de la persona. Las evidencias presuntas se desvanecen en silencio, cuando las contemplamos desde un nivel espiritual más alto.

— Del libro del mundo no conocemos sino las páginas escritas en un idioma que ignoramos.

— Se aproxima la época en que la naturaleza, desalojada por el hombre, no sobrevivirá sino en herbarios y en museos.

— La sabiduría se reduce a no olvidar jamás, ni la nada que es el hombre, ni la belleza que nace a veces en sus manos.

— Todo lo que le haga sentir al hombre que el misterio lo envuelve lo vuelve más inteligente.

— La caída del poderoso nos parece decreto de la providencia, porque regocija nuestra envidia.

— La democratización del erotismo sirvió, por lo menos, para mostrarnos que la virginidad, la castidad, la pureza, no son solteronas agrias y morbosas, como lo creíamos, sino vestales silenciosas de una limpia llama.

— La retórica no gana sola las batallas, pero nadie gana batallas sin ella.

— El hombre asegura que la vida lo envilece, para esconder que meramente lo revela.

— El mundo sería aún más tedioso, si fuese tan fácil actuar como soñar.

— No es imposible que en los batallones clericales al servicio del hombre todavía se infiltren algunos quintacolumnistas de Dios.

— La burocracia no asusta porque paralice, sino porque funciona.

— Un flujo constante de noticias invade hoy la existencia, destruyendo el silencio y la paz de las vidas humildes, sin abolir su tedio.

— La percepción de la realidad, hoy, perece aplastada entre el trabajo moderno y las diversiones modernas.

— Hallarse a merced de los caprichos populares, gracias al sufragio universal, es lo que el liberalismo llama garantía de la libertad.

— La historia, si la seguimos con ojos de partidario, en lugar de observarla con mirada de curioso, nos mece tontamente entre la nostalgia y la ira.

— El incorregible error político del hombre de buena voluntad es presuponer cándidamente que en todo momento cabe hacer lo que toca.
Aquí, donde lo necesario suele ser lo imposible.

— La sociedad moderna se envilece tan aprisa que cada nueva mañana contemplamos con nostalgia al adversario de ayer.
Los marxistas ya comienzan a parecernos los últimos aristócratas de Occidente.

— Cuando las revoluciones económicas y sociales no son simples pretextos ideológicos de crisis religiosas, después de unos años de desorden todo sigue como antes.

— Las verdaderas revoluciones no se inician con su estallido público, sino terminan con él.

— El mejor paliativo de la angustia es la convicción de que Dios tiene sentido del humor.

— La demagogia deja pronto de ser instrumento de la ideología democrática, para convertirse en ideología de la democracia.

— No apelar a Dios, sino a su justicia, nos lleva fatalmente a emplazarlo ante el tribunal de nuestros prejuicios.

— La humanidad no necesita al cristianismo para construir el futuro, sino para poder afrontarlo.

— Inútil, como una revolución.

— Los valores, como el alma, nacen en el tiempo, pero no le pertenecen.

— La sociedad no se civiliza bajo el impulso de prédicas sonoras, sino bajo la acción catalítica de gestos discretos.

— Para ser revolucionario se requiere ser algo bobo, para ser conservador algo cínico.

— La riqueza facilita la vida, la pobreza la retórica.

— Jesucristo no lograría hoy que lo escucharan, predicando como hijo de Dios, sino como hijo de carpintero.

— Para ser historiador se requiere un raro talento.
Para hacer historia basta un poco de impudicia.

— Enseñar exime de la obligación de aprender.

— Las sociedades igualitarias estrangulan la imaginación, para ni siquiera satisfacer la envidia.

— Tratar al inferior con respeto y cariño es el síndrome clásico de la psicosis reaccionaria.

— Arrepentido, como un revolucionario victorioso.

— La imaginación es el único lugar en el mundo donde se puede habitar.

— El hombre, para gobernar, se venda los ojos con ideologías.

— Los valores no son ciudadanos de este mundo, sino peregrinos de otros cielos.

— La civilización moderna se estaría suicidando, si verdaderamente estuviera logrando educar al hombre.

— La falta de imaginación preserva a un pueblo de muchas catástrofes.

— El historiador suele olvidar que el hombre no tiene en cada época sino los problemas que cree tener.

— El optimismo inteligente nunca es fe en el progreso, sino esperanza de milagro.

— Sostener que "todas las ideas son respetables" no es más que una inepcia pomposa.

Sin embargo, no hay opinión que el apoyo de un número suficiente de imbéciles no obligue a aguantar.

No disfracemos nuestra impotencia en tolerancia.

— La inteligencia no consiste en encontrar soluciones, sino en no perder de vista los problemas.

— No trato de envenenar las fuentes. Sino de mostrar que están envenenadas.

— Nada más peligroso para la fe que frecuentar a los creyentes. El incrédulo restaura nuestra fe.

— Los revolucionarios no destruyen, a la postre, sino lo que hacía tolerable las sociedades contra las cuales se rebelan.

— Cuando el filósofo renuncia a guiar, el periodista se encarga de hacerlo.

— Los problemas del país "sub-desarrollado" son el pretexto favorito del escapismo izquierdista. Carente de mercancía nueva para ofrecer en el mercado europeo, el intelectual de izquierda vende en el tercer mundo sus saldos desteñidos.

— El ateo es respetable mientras no enseña que la dignidad del hombre es el fundamento de la ética y el amor a la humanidad la verdadera religión.

— La naturaleza acabó de morir en este siglo. Tan sólo en el arte de siglos pretéritos descubrimos, asombrados, que la naturaleza no es simple experimento de física explotado por organismos diligentes.

— Una existencia colmada es aquella que entrega al sepulcro, después de largos años, un adolescente que la vida no envileció.

— La experiencia del hombre que "ha vivido mucho" suele reducirse a unas anécdotas triviales con que adorna una imbecilidad incurable.

— Temblemos si no sentimos, en este abyecto mundo moderno, que el prójimo, cada día, es menos nuestro semejante.

— Observar la vida es demasiado interesante para perder el tiempo viviéndola.

— El hombre cultivado no es el que anda cargado de contestaciones, sino el que es capaz de preguntas.

— El lector contemporáneo sonríe cuando el cronista medieval habla de "paladines romanos", pero se queda serio cuando el marxista diserta sobre la "burguesía griega" o el "feudalismo americano".

— Irrespetar la individualidad es el objeto de la educación.
Del olvido de verdad tan obvia proviene, en parte, la crápula moderna.

— Una plácida existencia burguesa es el anhelo auténtico del corazón humano.

— El hombre inteligente suele fracasar, porque no se atreve a creer en el verdadero tamaño de la estupidez humana.

— El proletariado tiende hacia la vida burguesa, como los cuerpos hacia el centro de la tierra.

— El individuo se declara miembro de una colectividad cualquiera, con el fin de exigir en su nombre lo que le avergüenza reclamar en el propio.

— Para una sociedad que vive entre estadísticas, sospechar que cada unidad es persona única y destino propio resulta perturbador y alarmante.

— El que se confiesa fuera del confesionario se propone sólo eludir el arrepentimiento.

— Todo ser yace disperso en pedazos por su vida y no hay manera de que nuestro amor lo recoja todo.

— Nunca hubo felicidad tan libre de amenazas que nos atreviéramos a volverla a vivir.

— El liberalismo no ha luchado por la libertad sino por la irresponsabilidad de la prensa.

— Las concesiones son los peldaños del patíbulo.

— El mundo moderno nos obliga a refutar tonterías, en lugar de callar a los tontos.

— Única alternativa en este fin de siglo: cuartel oriental-burdel occidental.

— El izquierdista inteligente admite que su generación no construirá la sociedad perfecta, pero confía en una generación futura.
Su inteligencia descubre su impotencia personal, pero su izquierdismo le impide descubrir la impotencia del hombre.

— Calumniado, como un reaccionario.

— La superficialidad consiste, básicamente, en el odio a las contradicciones de la vida.

— La pasión más ardiente no engaña, si conoce la inadecuación de su objeto.
El amor no es ciego cuando ama locamente, sino cuando olvida que aún el irreemplazable ser amado sólo es una misteriosa primicia.
El amor que no se cree justificado no es traición, sino propedéutica.

— No tratemos de convencer; el apostolado daña los buenos modales.

— Aceptemos la sociología mientras clasifique y no pretenda explicar.

— Buscar la "verdad fuera del tiempo" es la manera de encontrar la "verdad de nuestro tiempo". El que busca la "verdad de su tiempo" encuentra los tópicos del día.

— Lo que más probablemente se avecina no es un terror revolucionario, sino un terror contra-revolucionario implantado por revolucionarios asqueados.

— Para que el tronco de la individualidad crezca, hay que impedir que la libertad lo desparrame en ramas.

— La aparición del nacionalismo en cualquier nación indica que su originalidad agoniza.

— Que el cristianismo no resuelva los problemas sociales no es razón de apostatar sino para los que olvidan que nunca prometió resolverlos.

— No es una restauración lo que el reaccionario anhela, sino un nuevo milagro.

— Sólo el alma anclada en el pasado no naufraga bajo vientos nocturnos.

— Divisa para el joven izquierdista: revolución y coño.

— Esperar no entontece fatalmente, si no esperamos en un futuro con mayúscula.
Abrigar la esperanza de un nuevo esplendor terrestre nos es ilícito, siempre que esperemos un esplendor herido, endeble, mortal.
Podemos amar sin culpa lo terrestre, mientras recordemos que amamos una arcilla fugitiva.

— En vestirse, no en desvestirse, consiste siempre la civilización.

— Las únicas enseñanzas importantes son las que no puede transmitir sino el tono de la voz.

— La desventura del moderno no es tener que vivir una vida mediocre, sino creer que podría vivir una que no lo fuera.

— La democracia es el régimen político donde el ciudadano confía los intereses públicos a quienes no confiaría jamás sus intereses privados.

— Toda obra de arte nos habla de Dios. Diga lo que diga.

— El mundo felizmente es inexplicable. (¡Qué sería un mundo explicable por el hombre!).

— Dialogar con quienes no comparten nuestros postulados no es más que una manera tonta de matar el tiempo.

— La difusión de la cultura tuvo por efecto capacitar al tonto a parlotear de lo que ignora.

— Bien común, voluntad general, necesidad histórica, son los nombres con que el adulón de turno bautiza los caprichos de la fuerza.

— Como criterio de lo mejor, el hombre moderno no conoce sino la posterioridad.

— Para descubrir al tonto no hay mejor reactivo que la palabra: medieval.
Inmediatamente ve rojo.

— La burocracia es uno de esos medios de la democracia que se convierten en uno de sus fines.

— Los nombres de los izquierdistas célebres acaban de adjetivos insultantes en boca de los izquierdistas.

— Esa liberación de la humanidad que cantó el siglo XIX no resultó ser más que el turismo internacional.

— Cuando navegamos en océanos de imbecilidad, la inteligencia necesita el auxilio del buen gusto.

— La justicia ha sido uno de los motores de la historia, porque es el nombre que asume la envidia en boca del querellante.

— El siglo XIX no vivió más angustiado con sus represiones sexuales que el siglo XX con su liberación sexual. Obsesión idéntica, aun cuando de signo contrario.

— Ser reaccionario no es creer en determinadas soluciones, sino tener un sentido agudo de la complejidad de los problemas.

— La sociedad capitalista se enriqueció acoplando la ignorancia de un empresario astuto, que dirige, a la ciencia de un técnico estulto, que realiza.
El socialismo pretende enriquecerse confiando la dirección al técnico.

— Rasgo típico no es el que tenga una particular frecuencia, sino el que tiene una particular importancia.
La estadística no reemplaza la intuición.

— Los reformadores burgueses preparan precedentes jurídicos para sus expoliadores futuros.

— No sé sí el diablo castigue, en otro mundo, a la sociedad irreligiosa.
Pero veo que aquí pronto la castiga la estética.

— La fotografía asesinó a la imaginación.

— No basta imaginar algo para que exista, pero sólo existe lo que imaginamos.

— La fe no es conocimiento del objeto. Sino comunicación con él.

— La frustración es el carácter psicológico distintivo de la sociedad democrática. Donde todos pueden aspirar lícitamente a la cúspide, la pirámide entera es acumulación de frustrados.

— La divulgación irrestricta de noticias, impuestas por los medios de comunicación de masas, ha exigido que la mentira pública asuma, en el estado, la función tradicional del secreto.

— Los tontos creen que la humanidad sólo ahora sabe ciertas cosas importantes, cuando no hay nada importante que la humanidad no haya sabido desde del principio.

— El diablo no logra adueñarse del alma que sabe sonreír.

— La posteridad no va a entender qué hazaña es la mera sensatez en este siglo demente.

— El hecho clave de este siglo es la explosión demográfica de las ideas bobas.

— El hombre no está encarcelado, se encarcela.

— El que es partidario de la igualdad sin ser envidioso, sólo puede serlo porque es bobo.

— Las sentencias, el día del Juicio, serán menos terminantes y enfáticas que las de cualquier periodista sobre cualquier tema

— Tanto individualismo como colectivismo son repercusiones sociales de la creencia en la inmortalidad del alma.

El individuo se vierte hacia adentro, se examina, se observa y descubre su individualidad, o se vierte hacia fuera, se proyecta, se dispersa y se confunde con una colectividad, según crea, o no crea, en un incorruptible tribunal.

— La juventud navega sin notarlo en un mar de conformismo.

En cada ola que la arrastra sólo observa la breve espuma que la diferencia de las otras y no la marea común que las empuja a todas.

— Las ideas que menos influyen en política son las políticas.

— Ninguna clase social ha explotado más descarada-
mente a las otras que la que hoy se llama a sí misma
"estado".

— No es justo reprochar su mal gusto a los escritores
de este siglo, donde la noción misma de gusto pereció.

— Negar que existe una "naturaleza humana" es ardid
ideológico del optimista para defenderse de la historia.

— La evidencia nueva no es más perfecta que la evidencia vieja.
Es meramente una nueva evidencia.

— Si el hombre llegare a fabricar un hombre, el enigma del hombre no habrá sido descifrado sino entene-
brecido.

— El que lucha contra el envejecimiento envejece meramente sin madurar.

— Si creemos en Dios no debemos decir: Creo en Dios,
sino: Dios cree en mí.

— A veces dudamos de la sinceridad del que nos adula, pero nunca del acierto de sus adulaciones.

— La memoria de una civilización está en la continuidad de sus instituciones. La revolución que la interrumpe, destruyéndolas, no le quita a la sociedad un caparazón quitinoso que la paraliza, sino meramente la compele a volver a empezar.

— El combate intelectual no se gana levantando barricadas, sino dejando cortésmente el campo libre, para que las tonterías del adversario se rompan solas las narices.

— "Renunciar al mundo" deja de ser hazaña, para volverse tentación, a medida que el Progreso progresa.

— Nadie debe tomarse a lo serio.
Esperar tan sólo resultarlo.

— "Patriota", en las democracias, es aquel que vive del Estado; "egoísta", aquel de quien el Estado vive.

— El hombre actual no vive en el espacio y en el tiempo.
Sino en la geometría y los cronómetros.

— El pueblo fue rico espiritualmente hasta que los semi-educados resolvieron educarlo.

— Los problemas sociales son el refugio delicioso de quienes huyen de sus propios problemas.

— El arte es el más peligroso fermento reaccionario en una sociedad democrática, industrial y progresista.

— Una sociedad irreligiosa no aguanta la verdad sobre la condición humana.
Prefiere una mentira, por imbécil que sea.

— El único que agradece a la vida lo que la vida le da, es el que no espera todo de la vida.

— Si no heredamos una tradición espiritual que la interprete, la experiencia de la vida nada enseña.

— La ciudad desaparece, mientras el mundo entero se urbaniza. La ciudad occidental fue persona. Hoy, la hipertrofia urbana y el centralismo estatal la desintegran en mero hacinamiento inánime de viviendas.

— La irrupción de la historia no-europea en la tradición de Occidente es un episodio de la vida intelectual del XIX. Los partícipes de esta tradición no son herederos forzosos de esa historia y sólo pueden heredarla respetando las condiciones intelectuales de su ingreso al patrimonio de Occidente. En otros términos, puede haber sinólogos en Occidente, verbigracia, pero no taoístas.

— El ateismo de una filosofía consiste menos en negar a Dios que en no hallarle puesto.

— Los partidos políticos no se disputan hoy por los programas. Se disputan, al contrario, los programas.

— La sub-literatura es el conjunto de libros estimables que cada nueva generación lee con deleite, pero que nadie puede releer.

— El órgano del placer es la inteligencia.

— Todos conocemos, en todos los campos, sargentos desdeñosos de Alejandro.

— La ética que no mande renunciar es un crimen contra la dignidad a que debemos aspirar y contra la felicidad que podemos obtener.

— El tumulto en torno de una obra de arte no es hoy indicio de importancia estética, sino de aprovechamiento político.

— Los mediocres nos salvamos cuando somos tan mediocres que logramos verlo.

— Los partidarios de la sociedad igualitaria suelen ser siempre chiquitos.

— La prosperidad material envilece menos que los requisitos intelectuales y morales para lograrla.

— Contra la humildad de las tareas que la vida le asigna, nadie protesta tan ruidosamente como el incapaz de desempeñar otras.

— Podemos pedir misericordia.
¿Pero con qué derecho reclamos justicia?

— El pueblo, al cabo de unos años, olvidaría el nombre de los demagogos ilustres, si sus sucesores no obligaran al contribuyente a costearles ritos conmemoratorios.
La memoria popular sólo hospeda nombres de reyes.

— Las soluciones que el hombre encuentra resultan siempre menos interesantes que los problemas.
Las únicas soluciones interesantes son las que Dios se reserva.

— El escritor que no tenga baratijas intelectuales para la venta no puede quejarse de su poco éxito.

— Cuando una época se atosiga con tópicos, nadie la cura con ideas.

— El talento del escritor no está en describir un personaje, un paisaje, una escena, sino en hacernos creer que lo hizo.

— Es más fácil perdonar ciertos odios, que compartir ciertas admiraciones.

— Entre el animal y el hombre no hay más barrera que una empalizada de tabús.

— Aún sabiendo que todo perece, debemos construir en granito nuestras moradas de una noche.

— El egoísmo del imbécil es la salvaguardia de sus prójimos.

— El imbécil benévolo, confiado en su recta intención, se autoriza atentados contra el hombre, más atroces aún que los que su intención torcida concede al malvado.

— El egoísta posiblemente no sepa lo que le conviene, pero no actúa, por lo menos, como si supiera lo que conviene a los demás.

— La franqueza de quien no se respeta a sí mismo se convierte en simple falta de vergüenza.

— El irrespeto mutuo convierte pronto la amistad o el amor entre almas plebeyas en mero contrato bilateral de grosería.

— El impacto de un texto es proporcional a la astucia de sus reticencias.

— Civilizada es la época que no reserva la inteligencia para las faenas profesionales.

— Alma culta es aquella donde el estruendo de los vivos no ahoga la música de los muertos.

— Si se trata meramente de organizar un paraíso terrenal, los curas sobran.
El diablo basta.

— Tal es la complejidad de los hechos históricos que toda teoría encuentra casos a qué aplicarse.

— Las naciones tiene dos modalidades nobles de existencia: ascenso o decadencia, y una modalidad vulgar: prosperidad.

— Las revoluciones no son las locomotoras, sino los descarrilamientos de la historia.

— Quien nos traiciona nunca nos perdona su traición.

— Las promesas de la vida no defraudan sino a quien cree que aquí se cumplen.

— Nuestra sed sólo oye aquí el rumor del agua.

— Basta abrir nuestras ventanas a la noche, para que atice las cenizas calcinadas de nuestra alma el hálito de misteriosas primaveras.

— La lealtad es la música más noble de la tierra.

— Breves convulsiones bastan para abatir los edificios del espíritu, mientras que nuestra natural vileza ampara los éxitos técnicos.

— Toda sociedad no jerarquizada se parte en dos.

— El individuo no es sino una de las múltiples individualidades de la historia.

— Que las "civilizaciones sean mortales" es el mayor consuelo del que hoy vive.

— Para preservarnos del embrutecimiento, basta evitar conversaciones de jóvenes y diversiones de adultos.

— Razón, Progreso, Justicia, son las tres virtudes teologales del tonto.

— Las tres edades del capitalismo: en la primera, el empresario trafica para construirse palacios; en la segunda, para reinvertir sus ganancias; en la tercera, para tributar.

— Donde es posible decir lo que se quiere, nadie se da el trabajo de decir solamente lo que importa.

— El historiador tiene tres temas: la individualidad de las personas, la individualidad de totalidades concretas, la individualidad del instante.

— Opiniones, costumbres, instituciones, ciudades, todo se volvió chabacano, desde que renunciamos a remendar lo viejo para comprar diariamente la novedad chillona.

— Ser moderno no es haber superado los problemas de ayer, es creer haberlos superado.

— Si confiamos en Dios, ni nuestro propio triunfo debe espantarnos.

— Lo que unos llaman religión apenas nos asombra más que lo que otros llaman ciencia.

— La sociedad moderna está aboliendo la prostitución mediante la promiscuidad.

— El jurista, en las democracias, no es un experto en leyes, sino en funcionarios.

— Los tejidos sociales se canceran, cuando los deberes de los unos se transforman en derechos de los otros.

— La pelotera entre sectas democráticas las distrae temporalmente del desmantelamiento de la sociedad.

— O aprendemos de la tragedia griega a leer la historia humana, o no aprendemos nunca a leerla.

— Ningún paraíso surgirá en los confines del tiempo. Porque el bien y el mal no son hilos trenzados por la historia, sino fibras del hilo único que nos hiló el pecado.

— Llámase mentalidad moderna el proceso de exculpación de los pecados capitales.

— Las simplezas en que el incrédulo acaba creyendo son su castigo.

— Tedio es el antónimo de soledad.

— Presumimos explicar la historia, y fracasamos ante el misterio de quien mejor conocemos.

— Sin enemigo en las fronteras, el gobernante olvida ser cuerdo.

— Aún la derecha de cualquier derecha me parece siempre demasiado a la izquierda.

— No hay opinión de bobo que no convenga oír, ni que convenga acatar.

— Los tontos no se preocupan sino de las ortografías y olvidan las sintaxis.

— Con la aparición de relaciones "racionales" entre los individuos, se inicia el proceso de putrefacción de una sociedad.

— La inopia estética de una sociedad crece proporcionalmente al número de caballos de fuerza que instale.

— Ser moderno es ver fríamente la muerte ajena y no pensar nunca en la propia.

— Las cosas no andarían tan mal, si las ilusiones se les cayeran a los tontos con el pelo.
El tonto hirsuto le lega un patrimonio intacto al tonto calvo.

— Depender de Dios es el ser del ser.

— Escritor ilustre no es el que muchos leen, sino el que muchos creen haber leído.

— La irreemplazabilidad del individuo es la enseñanza del cristianismo y el postulado de la historiografía.

— Las revoluciones no les destruyen a las naciones sino el alma.

— Los conservadores actuales no son más que liberales maltratados por la democracia.

— El valor de una emoción es independiente tanto de la idea, seguramente mediocre, en que se expresa, como del objeto, probablemente trivial, que la suscita.

— La historia universal es el relato de las ocasiones perdidas.

— La civilización agoniza, cuando la agricultura renuncia a ser modo de vida para volverse industria.

— Los dioses son campesinos que no acompañan al hombre sino hasta las puertas de las grandes urbes.

— El incienso litúrgico es el oxígeno del alma.

— El progreso es hijo del conocimiento de la naturaleza.
La fe en el progreso es hija de la ignorancia de la historia.

— Morir y desaparecer no son sinónimo para una nación.

— Nada asegura al hombre que lo que inventa no lo mata.

— El mundo moderno parece invencible.
Como los saurios desaparecidos.

— Las auténticas transformaciones sociales no son obra de la frustración y la envidia, sino secuelas de epidemias de asco y de tedio.

— Las ideologías se inventaron para que pueda opinar el que no piensa.

— Innovar en materia litúrgica no es sacrilegio, sino estupidez.

El hombre sólo venera rutinas inmemoriales.

— El abuso eficaz de poder presupone el anonimato del opresor o el anonimato del oprimido.

Los despotismos fracasan, cuando rostros inconfundibles se enfrentan.

— Sin analizar no comprendemos.

Pero no presumamos haber comprendido, porque hemos analizado.

— El porcentaje de electores que se abstienen de votar mide el grado de libertad concreta en una democracia.

Donde la libertad es ficticia, o donde está amenazada el porcentaje tiende a cero.

— Si no jerarquizamos, acabamos siendo injustos con todo.

Hasta con lo que fuimos, o con lo que somos.

— El mal promete lo que no puede cumplir.
El bien cumple lo que no sabe prometer.

— Las estupideces modernas son más irritantes que las antiguas, porque sus prosélitos pretenden justificarlas en nombre de la razón.

— La gente nos permite más fácilmente desdeñar sus ocupaciones serias que sus diversiones

— Un destino burocrático espera a los revolucionarios, como el mar a los ríos.

— Hoy no hay por quien luchar.
Solamente contra quien.

— Los medios actuales de comunicación le permiten al ciudadano moderno enterarse de todo sin entender nada.

— Nada más bufo que aducir nombres de creyentes ilustres como certificados de existencia de Dios.

— La dicha del ser que amamos es el único bien terrestre que nos colma.

— Una voz ebria de dicha es dato que revela secretos sobre la substancia misma del mundo.

— Creer se asemeja más a palpar que a oír.

— El universo es un diccionario inútil para el que no aporta su propia sintaxis.

— La primavera es el sueño del eterno otoño del mundo.

— La intransigencia en política suele ser una exigencia compensatoria de las flaquezas personales.

— Ni la elocuencia revolucionaria, ni las cartas de amor, pueden leerse por terceros sin hilaridad.

— El escritor sólo debe ser vocero de sí mismo.

— Donde oigamos, hoy, las palabras: orden, autoridad, tradición, alguien está mintiendo.

— La obra política es irrepetible, como la obra de arte, e igualmente capaz de la misma eternidad.

— Los lectores del escritor ilustre se dividen en dos grupos: los que lo admiran sin leerlo y los que lo desdeñan sin haberlo leído.

— Toda revolución agrava los males en contra de los cuales estalla.

— No culpemos la técnica de las desgracias causadas por nuestra incapacidad de inventar una técnica de la técnica.

— El moderno se niega a sí mismo toda dimensión metafísica y se juzga mero objeto de ciencia.
Pero chilla cuando lo exterminan como tal.

— Dios nos preserve de la pureza, en todos los campos. De la madre del terrorismo político, del sectarismo religioso, de la inclemencia ética, de la esterilidad estética, de la bobería filosófica.

— Estrictamente nuevo no hay en el mundo sino cada alma nueva.
La novedad de las cosas, por lo tanto, no es más que el tinte en que las baña el alma que atraviesan.

— En las sociedades donde el cargo social, en lugar de adherir a la persona, constituye meramente un transitorio encargo, la envidia se desboca. "La carriere ouverte aux talents" es el hipódromo de la envidia.

— Las almas modernas ni siquiera se corrompen, se oxidan.

— Al reaccionario derrotado le queda siempre el recurso de divertirse con las simplezas del vencedor.

— El clérigo progresista, en tiempos revolucionarios, acaba de muerto, pero no de mártir.

— La estupidez es el combustible de la revolución.

— El demócrata achaca sus errores a las circunstancias. Nosotros agradecemos a la casualidad nuestros aciertos.

— La comunicación entre los hombres se dificulta, al desaparecer los rangos.
Los individuos no se tienden la mano, al caminar en tropel, sino se tratan a codazos.

— Los demócratas se dividen entre los que creen la perversidad curable y los que niegan que existe.

— Se acabó con los analfabetos, para multiplicar a los iletrados.

— La literatura no perece porque nadie escriba, sino cuando todos escriben.

— Sólo sabemos portarnos con decencia frente al mundo cuando sabemos que nada se nos debe.
Sin mueca dolorida de acreedor frustrado.

— Hay que aprender a ser parcial sin ser injusto.

— Investiguemos dónde y cuándo nace una nueva mentalidad, pero resignémonos a ignorar por qué.

— Sensual es el objeto que revela su alma a los sentidos.

— El progresista envejecido tiene nostalgia de coqueta vieja.

— Llamamos "orígenes" los límites de nuestra ciencia.

— El pensamiento reaccionario ha sido acusado de irracionalismo porque se niega a sacrificar los cánones de la razón a los prejuicios del día.

— Los valores, como las almas para el cristiano, nacen en la historia pero son inmortales.

— El problema religioso se agrava cada día, porque los fieles no son teólogos y los teólogos no son fieles.

— Al demócrata no le basta que respetemos lo que quiere hacer con su vida, exige además que respetemos lo que quiere hacer con la nuestra.

— En la literatura la risa muere pronto, pero la sonrisa es inmortal.

— La cultura vive de ser diversión y muere de ser profesión.

— La actual alternativa democrática: burocracia opresora o plutocracia repugnante, tiende a abolirse.
Fundiéndose en un solo término: burocracia opulenta.
A la vez repugnante y opresora.

— El moderno no admitirá jamás que la estupidez compartida por muchos no sea respetable sino meramente temible.

— La virtud se ha vuelto menos rara que la buena educación.

— Mientras el hombre no despierte de su actual borrachera de soberbia, nada vale la pena intentar.
Sólo miradas que no desenfoca el orgullo logran esa visión lúcida del mundo que confirma nuestra prédica.

— Cuando la sociedad se vacía íntegramente en el molde del estado, la persona se vaporiza.

— La mediocridad de cualquier triunfo no merece que nos ensuciemos con las cualidades que exige.

— Sólo al contemplativo no se le muere el alma antes que el cuerpo.

— El pueblo cree en el desinterés de sus benefactores profesionales hasta que le pasan la cuenta.

— Patria, sin palabrería nacionalista, es sólo el espacio que un individuo contempla a la redonda al ascender una colina.

— La sociedad moderna arrolla las libertades, como un regimiento de tanques una procesión de beatas.

— ¿Hacia dónde va el mundo? Hacia la misma transitoriedad de donde viene.

— No achaquemos al intelecto las catástrofes causadas por las codicias que nos ciegan.

— Todo lo que interrumpa una tradición obliga a principiar de nuevo. Y todo origen es sangriento.

— El enjambre humano retorna sumisamente a la colmena colectiva, cuando la noche de una cultura se aproxima.

— La escolástica pecó al pretender convertir al cristiano en un sabelotodo. El cristiano es un escéptico que confía en Cristo.

— Mientras más complejas sean las funciones que el estado asume, la suerte del ciudadano depende de funcionarios crecientemente subalternos.

— El estado moderno es pedagogo que no licencia nunca a sus alumnos.

— Las ideas se asustan y emigran de donde se resuelve pensar en equipo.

— Las grandes tareas intelectuales no se cumplen por el que deliberadamente las emprende, sino por el que modestamente pretende resolver problemas personales.

— Ningún cuento popular comenzó jamás así: érase una vez un presidente...

— El cristianismo degenera, al abolir sus viejos idiomas litúrgicos, en sectas extravagantes y toscas.
Roto el contacto con la antigüedad griega y latina, perdida su herencia medieval y patrística, cualquier bobalicón se convierte en su exégeta.

— Nada enternece más al burgués que el revolucionario de país ajeno.

— El que indaga las causas de una revolución nunca debe inferirlas de sus efectos. Entre las causas de una revolución y sus efectos hay torbellinos de accidentes.

— El hombre inteligente llega pronto a conclusiones reaccionarias. Hoy, sin embargo, el consenso universal de los tontos lo acobarda. Cuando lo interrogan en público niega ser galileo.

— Cuando los explotadores desaparecen, los explotados se dividen en explotadores y explotados.

— Todos examinan con más cuidado el raciocinio que la evidencia que lo sustenta.

— Los raciocinios se enderezan con más garbo, se yerguen más altivos, caminan con más petulancia, mientras más se alejan de su origen.

— Cuando la noción de deber expulsa la de vocación, la sociedad se puebla de almas truncas.

— El reaccionario no anhela la vana restauración del pasado, sino la improbable ruptura del futuro con este sórdido presente.

— La estupidez es la madre de las atrocidades revolucionarias.
La ferocidad es sólo la madrina.

— La imaginación, si fuese creadora, sería simple fantasía.
La imaginación es percepción de lo que escapa a la percepción ordinaria.

— La desconfianza en el futuro de la sociedad moderna, reservada hasta ayer al hombre inteligente, agobia hoy hasta al imbécil.

— Todo, en el individuo, proviene del cruce del espacio con el tiempo.
Menos el individuo mismo.

— El individuo no es una encrucijada de caminos, sino el misterioso calvario allí erigido.

— El izquierdista, como el polemista de antaño, cree refutar una opinión acusando de inmoralidad al opinante.

— Los que manejan un vocabulario sociológico se figuran haber entendido porque han clasificado.

— Nuestros contemporáneos denigran el pasado para no suicidarse de vergüenza y de nostalgia.

— Los museos son el invento de una humanidad que no tiene puesto para las obras de arte, ni en su casa, ni en su vida.

— La unanimidad, en una sociedad sin clases, no resulta de la ausencia de clases, sino de la presencia de la policía.

— Cada tabú suprimido hace retroceder la existencia humana hacia la insipidez del instinto.

— Los problemas sociales no son solubles.
Pero podemos minorarlos evitando que el empeño de aliviar uno solo los agrave todos.

— El solitario es el delegado de la humanidad a lo importante.

— Las derrotas nunca son definitivas cuando se aceptan de buen humor.

— Las sociedades moribundas acumulan leyes como los moribundos remedios.

— La posteridad no es el conjunto de las generaciones futuras.
Es un pequeño grupo de hombres de gusto, bien educados, eruditos, en cada generación.

— Puesto que el diálogo con mediocres notoriamente nos apoca,
¿no será la poquedad de nuestros interlocutores, reflejo de nuestra mediocridad?

— Podemos pintar la decadencia de una sociedad, pero es imposible definirla.
Como la creciente demencia de una mirada.

— Dios inventó las herramientas, el diablo las máquinas.

— Creemos en muchas cosas en que no creemos creer.

— Las solas leyes biológicas no tiene dedos suficientes sutiles para modelar la belleza de un rostro.

— El derecho al mando fue el tema central de la política, ayer. Las técnicas de captación del mando son, hoy, el tema central de la política.

— Los abanderados de la libertad festejados por el XIX resultaron la vanguardia del despotismo industrial.

— El burgués de ayer se perdonaba todo, si su conducta sexual era estricta. El de hoy se perdona todo, si es promiscua.

— El arte es el supremo placer sensual.

— El sufragio universal no reconoce finalmente al individuo sino el "derecho" de ser alternativamente opresor u oprimido.

— Los desatinos políticos se reiteran, porque son expresión de la naturaleza humana.
Los aciertos no se repiten, porque son dádiva de la historia.

— Los problemas graves no asustan nunca al tonto.
Los que se inquietan, por ejemplo, ante el deterioro cualitativo de una sociedad, lo hacen reír.

— Los reaccionarios se reclutan entre los espectadores de primera fila de una revolución.

— La tragedia intelectual del gobernante democrático es la obligación de realizar el programa que pregonó para que lo eligieran.

— El raciocinio cardinal del progresista es bellísimo: lo mejor siempre triunfa, porque se llama mejor lo que triunfa.

— El hombre moderno trata al universo como un demente a un idiota.

— Cada día le exigimos más a la sociedad para poder exigirnos menos.

— La plétora de leyes es indicio de que nadie sabe ya mandar con inteligencia. O de que nadie sabe ya obedecer con libertad.

— Como consecuencia de los adelantos técnicos, los viejos anunciadores de catástrofes les están cediendo el puesto a los testigos de las catástrofes anunciadas.

— Las civilizaciones difieren radicalmente entre sí. De civilización a civilización, sin embargo, los pocos civilizados se reconocen mutuamente con discreta sonrisa.

— Sociólogos, psicólogos, psiquiatras, son expertos en generalidades. Ante los pitones taurinos del caso concreto, todos parecen toreros anglo-sajones.

— La razón no es substituto de la fe, así como el color no es substituto del sonido.

— El individuo que se miente a sí mismo, así como la sociedad que no se miente, se pudren pronto y perecen.

— La honradez intelectual es virtud que cada generación sucesiva presume practicar por vez primera.

— La evolución rápida de una sociedad tritura sus costumbres.
E impone al individuo, en lugar de la educación silenciosa de los usos, las riendas y el látigo de las leyes.

— Nuestra tolerancia crece con nuestro desdén.

— La imaginación es la capacidad de percibir, mediante los sentidos, los atributos del objeto que los sentidos no perciben.

— Los sueños vulgares aquí se cumplen.
Pero aquí no anidan los que el adolescente sueña bajo el follaje opresor del verano.

— Respetemos los dos polos del hombre: individuo concreto, espíritu humano.
Pero no su zona media de animal opinante.

— Para hablar de lo eterno, basta hablar con talento de las cosas del día.

— La nueva izquierda congrega a los que confiesan la ineficacia del remedio sin dejar de creer en la receta.

— Las decadencias no derivan de un exceso de civilización, sino del intento de aprovechar la civilización para eludir las prohibiciones en las cuales consiste.

— El moderno acepta cualquier yugo, siempre que sea impersonal la mano que lo impone.

— Al intelectual indignado por el "emburguesamiento del proletariado", nunca se le ocurre renunciar a aquellas cosas cuyo disfrute por el proletariado le horripila como prueba de emburguesamiento.

— Nunca es demasiado tarde para nada verdaderamente importante.

— No hay verdad que no sea lícito estrangular si ha de herir a quien amamos.

— Mientras las diversiones sean suficientemente vulgares nadie protesta.

— No nos quejemos del suelo en que nacimos, sino de la planta que somos.

— El orden es engaño.
Pero el desorden no es solución.

— Si los hombres nacieran iguales, inventarían la desigualdad para matar el tedio.

— La gloria, para el artista auténtico, no es un ruido de alabanzas, sino el silencio terrible del instante en que creyó acertar.

— La imaginación se mustia en una sociedad cuyas ciudades carecen de jardines cercados por altos muros.

— Aceptando de buen humor nuestra mediocridad, el desinterés con que gozamos de la inteligencia ajena nos vuelve casi inteligentes.

— Las lenguas se corrompían ayer por obra y gracia de campesinos ignorantes.
Hoy se corrompen por pedantería e incuria del especialista inculto.

— La filosofía no tiene la función de transformar un mundo que se transforma solo.
Sino la de juzgar ese mundo transformado.

— En la estepa rasa el individuo no halla abrigo contra la inclemencia de la naturaleza, ni en la sociedad igualitaria contra la inclemencia del hombre.

— Que los evangelios sean reflejo de la Iglesia primitiva es tesis aceptable para el católico. Pero letal para el protestantismo.

— Mientras que el protestante depende de un texto, los católicos somos el proceso donde el texto nació.

— Cristo al morir no dejó documentos, sino discípulos.

— Comprender es hallar confirmación de algo previamente adivinado.

— Una brusca expansión demográfica rejuvenece la sociedad y recrudece sus boberías.

— Noble no es el alma que nada hiere, sino la que pronto sana.

— La cultura presume que moriremos educándonos, a cualquier edad que expiremos.

— El hombre tiene tanta alma cuanta cree tener. Cuando esa creencia muere, el hombre se vuelve objeto.

— Por haber creído vivas las figuras de cera fabricadas por la psicología, el hombre ha ido perdiendo el conocimiento del hombre.

— A la felicidad de quienes más queremos nos es dado contribuir, tan sólo, con una ternura silenciosa y una compasión impotente.

— La sociedad moderna sólo respeta la ciencia como proveedora inagotable de sus codicias.

— Fomentar artificialmente las codicias, para enriquecerse satisfaciéndolas, es el inexcusable delito del capitalismo.

— El hombre se cree perdido entre los hechos, cuando sólo está enredado en sus propias definiciones.

— Llámase comunista al que lucha para que el estado le asegure una existencia burguesa.

— Nuestros proyectos deben ser modestos, nuestras esperanzas desmesuradas.

— El político no despacha con seriedad sino lo trivial.

— La libertad legal de expresión ha crecido paralelamente a las servidumbres sociológicas del pensamiento.

— La ciencia política es el arte de dosificar la cantidad de libertad que el hombre soporta y la cantidad de servidumbre que necesita.

— Con sexo y violencia no se reemplaza la trascendencia exiliada.
Ni el diablo le queda al que pierde a Dios.

— No hay "ideal" soportable más de unos días.

— El dolor labra, pero sólo el conflicto ético educa.

— El que enseña acaba creyendo que sabe.

— Tonto es el que tiene opiniones sobre los tópicos del día.

— Quien perdona todo, porque comprende todo, simplemente no ha entendido nada.

— Las revoluciones se columpian entre el puritanismo y la crápula, sin rozar el suelo civilizado.

— Cuando el objeto pierde su plenitud sensual para convertirse en instrumento o en signo, la realidad se desvanece y Dios se esfuma.

— Obra de arte, hoy, es cualquier cosa que se venda caro.

— La historia moderna es el diálogo entre dos hombres uno que cree en Dios, otro que se cree dios.

— Los hombres se reparten entre los que se complican la vida para ganarse el alma y los que se gastan el alma para facilitarse la vida..

— Tan sólo para Dios somos irreemplazables.

— Cuando los escritores de un siglo no pueden escribir sino cosas aburridas, los lectores cambiamos de siglo.

— La importancia profana de la religión está menos en su influencia sobre nuestra conducta que en la noble sonoridad con que enriquece el alma.

— Hay palabras para engañar a los demás, como "racional".
Y otras, como "dialéctica", para engañarse a sí mismo.

— El envilecimiento es el precio actual de la fraternidad.

— El mundo moderno no será castigado.
Es el castigo.

— Los léxicos especializados permiten hablar con precisión en las ciencias naturales y disfrazar trivialidades en las ciencias humanas.

— Llamamos belleza de un idioma la destreza con que algunos lo escriben.

— No es de inanición de lo que el espíritu a veces muere, sino del hartazgo de trivialidades.

— El alma no está en el cuerpo, sino el cuerpo en ella.

Pero es en el cuerpo donde la palpamos.

El absoluto no está en la historia, sino la historia en él.

Pero es en la historia donde lo descubrimos.

— Después de varias temporadas de urbanismo, alternadas con varios entreactos de guerra, el contexto rural y urbano de la era culta no sobrevivirá sino en atlas lingüísticos y en diccionarios etimológicos.

— Hoy se llama "tener sentido común" no protestar contra lo abyecto.

— Ser marxista parece consistir en eximir de la interpretación marxista las sociedades comunistas.

— ¿Aprenderá el revolucionario algún día que las revoluciones podan en lugar de extirpar?

— Todo se puede sacrificar a la miseria del pueblo.

Nada se debe sacrificar a su codicia.

— La pedagogía moderna ni cultiva ni educa, meramente transmite nociones.

— Nadie, ni nada, finalmente perdona. Salvo Cristo.

— El hombre no se halla arrojado tan sólo entre objetos. También está inmerso entre experiencias religiosas.

— El que carece de vocabulario para analizar sus ideas las bautiza intuiciones.

— Aprendamos a acompañar en sus errores a los que amamos, sin convertirnos en sus cómplices.

— Para castigar una idea los dioses la condenan a entusiasmar al tonto.

— No invocamos a Dios como reos, sino como tierras sedientas.

— Los mejoramientos sociales no proceden de fuertes sacudidas, sino de leves empujoncitos.

— Nada es posible esperar ya cuando el Estado es el único recurso del alma contra su propio caos.

— La creciente libertad de costumbres en la sociedad moderna no ha suprimido los conflictos domésticos. Tan sólo les ha quitado dignidad.

— El pueblo adopta hasta opiniones finas si se las predican con argumentos burdos.

— Sin cierta puerilidad religiosa, cierta profundidad intelectual es inalcanzable.

— Donde los gestos carecen de estilo la ética misma se envilece.

— En la nueva izquierda militan hoy los reaccionarios desorientados y desvalidos.

— Los tontos se indignan tan sólo contra las consecuencias.

— La parte superior de la ética no trata del comportamiento moral, sino de la calidad del alma.

— Las grandes convulsiones democráticas lesionan sin remedio el alma de un pueblo.

— Varias civilizaciones fueron saqueadas porque la libertad le abrió impensadamente la puerta al enemigo.

— El igualitario considera que la cortesía es confesión de inferioridad.
Entre igualitarios la grosería marca el rango.

— Todos debemos resignarnos a no bastar primero y a sobrar después.

— El optimismo moderno es un producto comercial para lubricar el funcionamiento de la industria.

— El estado es totalitario por esencia.
El despotismo total es la forma hacia la cual espontáneamente tiende.

— Totalitarismo es la fusión siniestra de religión y estado.

— El sacrificio de la profundidad es el precio que exige la eficacia.

— La cortesía no es incompatible con nada.

— La grosería no es prueba de autenticidad, sino de mala educación.

— Cada nueva generación critica la anterior, para cometer, en circunstancias análogas, el error inverso.

— El fervor con que el marxista invoca la sociedad futura sería conmovedor sí los ritos invocatorios fuesen menos sangrientos.

— Nada más común que transformar en "problema ético" el deber que nos incomoda.

— Ya no existen ancianos sino jóvenes decrépitos.

— Confundir lo popular con lo democrático es ardid táctico del demócrata.

— El joven, normalmente, acaba pareciéndose al adulto que más desprecia.

— Nada más imperdonable que enjaularnos voluntariamente en convicciones ajenas, cuando deberíamos intentar romper hasta los barrotes del calabozo de nuestra inteligencia.

— Nada merece más respeto que el pueblo infortunado que suplica, ni menos que las absurdas drogas que reclama para curar su infortunio.

— El cinismo no es indicio de agudeza sino de impotencia.

— El problema no es la represión sexual, ni la liberación sexual, sino el sexo.

— La revolución es progresista y busca el robustecimiento del estado; la rebelión es reaccionaria y busca su desvanecimiento. El revolucionario es un funcionario en potencia; el rebelde es un reaccionario en acto.

— Los tribunales democráticos no hacen temblar al culpable, sino al acusado.

— La envidia no es vicio de pobre, sino de rico. De menos rico ante más rico.

— Aún el enemigo de la técnica denuncia sus paladinos, pero triviales, atropellos más que sus invisibles, pero desastrosas, destrucciones.
(Como si la trashumancia febril del hombre actual, verbigracia, fuese inquietante a causa de los accidentes de tránsito).

— El erotismo es el recurso rabioso de las almas y de los tiempos que agonizan.

— Cualquier derecha en nuestro tiempo no es más que una izquierda de ayer deseosa de digerir en paz.

— Las revoluciones espantan, pero las campañas electorales asquean.

— El nivel cultural de un pueblo inteligente baja a medida que su nivel de vida sube.

— En el solo Evangelio no podemos albergarnos, como no podemos tampoco refugiarnos en la semilla del roble, sino junto al tronco torcido y bajo el desorden de las ramas.

— El hombre actual oscila entre la estéril rigidez de la ley y el vulgar desorden del instinto. Ignora la disciplina, la cortesía, el buen gusto.

— ¿Proponer soluciones? ¡Como si el mundo no estuviese ahogándose en soluciones!

— La "espiritualidad oriental" moderna, como el arte oriental de los últimos siglos, es artículo de bazar.

— La imbecilidad cambia de tema en cada época para que no la reconozcan.

— Las jerarquías son celestes.
En el infierno todos son iguales.

— Las noticias periodísticas son el substituto moderno de la experiencia.

— Es en la espontaneidad de lo que siento donde busco la coherencia de lo que pienso.

— No me resigno a que el hombre colabore imbécilmente con la muerte, talando, demoliendo, reformando, aboliendo.

— Los cristianos progresistas buscan afanosamente en los manuales de sociología con qué llenar lagunas del Evangelio.

— El mal no es más interesante que el bien, sino más fácil de relatar.

— En política debemos desconfiar aún del optimismo inteligente y confiar en los temores del imbécil.

— El hombre tiende a la superficialidad como el corcho hacia la superficie.

— En ciertas épocas el espíritu pierde, gane quien gane.

— Las dos alas de la inteligencia son la erudición y el amor.

— El igualitario se exaspera viendo que la instrucción obligatoria sólo borra la desigualdad ficticia para agravar la congénita.

— No aconsejemos pomposamente que lo inevitable se acepte con "heroísmo", sino que se acoja con resignación cortés.

— Más de un presunto "problema teológico" proviene sólo del poco respeto con que Dios trata nuestros prejuicios.

— Lo más alto y lo más bajo solían pertenecer a la misma especie.
Hoy pertenecen a especies distintas.
No existe rasgo común hoy entre lo que vale y lo que impera.

— La liturgia definitivamente sólo puede hablar en latín.
En vulgar es vulgar.

— El simple talento es en literatura lo que las buenas intenciones en conducta. (*L'enfer en est pavê*).

— El entusiasmo del progresista, los argumentos del demócrata, las demostraciones del materialista, son el alimento delicioso y suculento del reaccionario.

— En las universidades la filosofía meramente invierna.

— El hombre madura cuando deja de creer que la política le resuelve los problemas.

— De los "derechos del hombre" el liberalismo moderno ya no defiende sino el derecho al consumo.

— La seriedad intelectual auténtica no es adusta sino sonriente.

— El patriotismo que no sea adhesión carnal a paisajes concretos, es retórica de semi-cultos para arrear iletrados hacia el matadero.

— Lo que impersonaliza degrada.

— Lo que aquí digo parecerá trivial a quien ignore todo a lo que aludo.

— Las civilizaciones tampoco se hacen "avec des idées" sino con modales.

— La poesía onírica no vaticina, ronca.

— De la trivialidad de la existencia no podemos evadirnos por las puertas, sino por los tejados.

— La causa de la enfermedad moderna es la convicción de que el hombre se puede curar a sí mismo.

— La agitación revolucionaria es endemia urbana y sólo epidemia campesina.

— El odio al pasado es síntoma inequívoco de una sociedad que se aplebeya.

— La historia debe su importancia a los valores que allí emergen, no a las humanidades que allí naufragan.

— Filosofar no es resolver problemas sino vivirlos a un determinado nivel.

— El pecado del rico no es la riqueza, sino la importancia exclusiva que le atribuye.

— "Deducir las consecuencias de un hecho" es cosa imposible.
Tan sólo podemos deducir las consecuencias de lo que opinamos sobre él.

— "Crítica constructiva", en nuestro tiempo, es la que colabora al perfeccionamiento de las cárceles.

— El teólogo católico sólo cumple su deber irrespetando la letra de la víspera y el espíritu del día.

— El pasado es la fuente de la poesía; el futuro es el arsenal de la retórica.

— La imaginación no es el sitio donde la realidad se falsifica, sino donde se cumple.

— Un acontecimiento apasiona menos cuando sus protagonistas son interesantes que cuando sus espectadores son inteligentes.

— Sólo jerarquizando podemos limitar el imperialismo de la idea y el absolutismo del poder.

— Los parlamentos elegidos por sufragio universal pierden primero su prestigio moral y después su importancia política.

— Lo que el vulgo llama historia es el florilegio de interpretaciones erróneas recopilado por la pasión del día.

— La promiscuidad sexual es la propina con que la sociedad aquieta a sus esclavos.

— Soy el asilo de todas las ideas desterradas por la ignominia moderna.

— Al excluir de las opiniones de una época las opiniones inteligentes queda la "opinión pública".

— Tan peligroso como creer lo deseable posible es creer lo posible deseable. Utopías sentimentales y automatismos de la técnica.

— Las almas envilecen cuando los cuerpos se arrellanan.

— Más que una estrategia ideológica la izquierda es una táctica lexicográfica.

— Los demócratas describen un pasado que nunca existió y predicen un futuro que nunca se realiza.

— El número de votos que elige a un gobernante no mide su legitimidad sino su mediocridad.

— Los absolutismos monárquicos disponían con menos ligereza de la suerte de un individuo que los absolutismos populares del destino de clases sociales enteras.

— El burgués no aplaude al que admira, sino al que teme.

— La democracia tiene el terror por medio y el totalitarismo por fin.

— La desvergüenza con que el revolucionario mata espanta más que sus matanzas.

— Los periodistas son los cortesanos de la plebe.

— La libertad de imprenta es la primera exigencia de la democracia naciente y la primera víctima de la democracia madura.

— Los demócratas moderados promulgan las leyes con que los liquidan los demócratas puros.

— Los demócratas de dividen en dos clases:
los que perecen
porque no logran reprimir con discursos las
pasiones que desataron con arengas,
los que sobreviven
porque alternan con la oratoria que encrespa
al pueblo la metralla que lo apacigua.

— La retórica es la única flor del jardín democrático.

— La Iglesia, desde que el clero se aplebeyó, impreca a todos los vencidos y ovaciona a todos los vencedores.

— Contra la "soledad intelectual" no recrimina la inteligencia sino la vanidad.

— La mujer tiene la temperatura intelectual del medio en que vive: revolucionaria vehemente o conservadora impertérrita, según la circunstancias.
Reaccionaria nunca puede ser.

— Al que hoy no grita ni lo oyen ni lo entienden.

— Cuando la conciencia moderna suspende sus rutinas económicas sólo oscila entre la angustia política y la obsesión sexual.

— Las ideas de izquierda engendran las revoluciones, las revoluciones engendran las ideas de derecha.

— La sociología protege al sociólogo de todo contacto con la realidad.

— Dicha es la flor áspera de la resignación inteligente.

— Las luchas de clase son episodios.
El tejido de la historia es el conflicto entre iguales.

— La clase dirigente de una sociedad agrícola es una aristocracia, la de una sociedad industrial una oligarquía.

— Al burgués actual de le puede inculcar en nombre del progreso cualquier bobería y vender en nombre del arte cualquier mamarracho.

— La insuficiencia del suficiente es nuestra suficiente venganza.

— Debemos admirar o detestar las cosas por lo que son, no por las consecuencias que tengan.

— Comprendo el comunismo que es protesta, pero no el que es esperanza.

— La Iglesia necesitará siglos de oración y de silencio para forjar de nuevo su alma emblandecida.

— Las revoluciones no resuelven más problema que el problema económico de sus jefes.

— Nuestra alma tiene porvenir.
La humanidad no tiene ninguno.

— El estado moderno es la transformación del aparato que la sociedad elaboró para su defensa en un organismo autónomo que la explota.

— Aunque tengamos que ceder al torrente de estupideces colectivas que nos arrastra en su corriente, no dejemos que nos disuelva en su fango.

— Los hábiles aceptan envilecerse para triunfar. Y terminan fracasando porque se envilecieron.

— La adaptación al mundo moderno exige la esclerosis de la sensibilidad y el envilecimiento del carácter.

— El demócrata es capaz de sacrificar hasta sus intereses a su resentimiento.

— La opinión pública no es hoy suma de opiniones personales.
Las opiniones personales, al contrario, son eco de la opinión pública.

— "Social" es el adjetivo que sirve de pretexto a todas las estafas.

— Los jóvenes no son necesariamente revolucionarios sino necesariamente dogmáticos.

— Las decisiones despóticas del estado moderno las toma finalmente un burócrata anónimo, subalterno, pusilánime, y probablemente cornudo.

— La actual liturgia protocoliza el divorcio secular entre el clero y las artes.

— La tecnificación del mundo embota la sensibilidad y no afina los sentidos.

— El exceso de etiqueta paraliza, el defecto animaliza.

— El hombre inteligente inquieta al tonto y a la vez le parece risible.

— La vulgaridad no es producto popular sino subproducto de prosperidad burguesa.

— Entre interlocutores de generaciones distintas el hiato es proporcional a la estupidez de cada interlocutor.

— La cordialidad suele ser menos una efusión de bondad que de mala educación.

— El poder no corrompe indefectiblemente sino al revolucionario que lo asume.

— La vulgaridad intelectual atrae a los electores como a moscas.

— La verdadera elocuencia estremece al auditorio pero no lo convence.
Sin promesa de botín no hay oratoria eficaz.

— El hombre necesita menos resolver sus problemas que creer que han sido resueltos.

— La historia es irreversible.
Pero no es irreiterable.

— Mientras el elector demócrata dispone de la suerte ajena, de la suya ha dispuesto el burócrata.

— En lugar de humanizar la técnica el moderno prefiere tecnificar al hombre.

— Tratamos de disculpar los defectos que tenemos suponiéndolos reverso de cualidades que falsamente nos atribuimos.

— La plétora de objetos en medio de la cual vivimos nos ha vuelto insensibles a la calidad, a la textura, a la individualidad, del objeto.

— Haciéndonos sentir inteligentes es como la naturaleza nos avisa que estamos diciendo tonterías.

— El hombre no admira sinceramente sino lo inmerecido.
Talento, alcurnia, belleza.

— La preeminencia que el hombre conquistó sobre la naturaleza sólo le sirve para envilecerla sin miedo.

— Los únicos bienes preciosos del hombre son los recuerdos florecidos de la imaginación.

— La prensa siempre elige con mal gusto certero lo que encomia.

— En el siglo pasado pudieron temer que las ideas modernas fuesen a tener razón.
Hoy vemos que sólo iban a ganar.

— En lugar de "sociedad industrial" se estila decir "sociedad de consumo", para eludir el problema fingiendo afrontarlo.

— Los errores del gran hombre nos duelen porque dan pie a que un tonto los corrija.

— Tener sentido común es presentir en cada caso concreto las limitaciones pertinentes del intelecto.

— El que cree disculpar un sentimiento vil diciendo que es sincero lo agrava meramente.

— No todo nos traiciona pero no hay nada que no pueda traicionarnos.

— Así como el mal fue la primera traición, la traición es el único pecado.

— Los individuos, en la sociedad moderna son cada día más parecidos los unos a los otros y cada día más ajenos entre sí.

Mónadas idénticas que se enfrentan con individualismo feroz.

— La prensa no se propone informar al lector sino persuadirle que lo informa.

— Los problemas no se resuelven, meramente pasan de moda.

— Nada más difícil que dudar de la culpabilidad de nuestras víctimas.

— Acabamos tratándonos recíprocamente como bienes fungibles cuando dejamos de creer en el alma.

— La suprema ridiculez está en hacer hasta las trivialidades "por principio".

— La historia es una sucesión de noches y de días. De días breves y de noches largas.

— Hay un analfabetismo del alma que ningún diploma cura.

— ¡Cuántas cosas nos parecerían menos irritantes si fuésemos menos envidiosos!

— Si tuvieran menos salvadores las sociedades necesitarían menos que las salven.

— Entre las ideas sólo son inmortales las estúpidas.

— La historia castiga inexorablemente la estupidez, pero no premia necesariamente la inteligencia.

— El reaccionario no argumenta contra el mundo moderno esperando vencerlo, sino para que los derechos del alma no prescriban.

— La humanidad cayó en la historia moderna como un animal en una trampa.

— Dios es esa sensación inanalizable de seguridad a nuestra espalda.

— Cuando la originalidad escasea la innovación pulula.

— El universalismo de los idiomas plásticos medievales se plasmaba en modulaciones regionales, mientras que las variedades locales del actual arte cosmopolita son meros solecismos de pronunciación.

— Goya es el vidente de los demonios, Picasso el cómplice.

— La pelea contra el mal es hoy de retaguardia.

— El afán de estar enterado es el disolvente de la cultura.

— Orar es el único acto en cuya eficacia confío.

— La ausencia de Dios no le abre paso a lo trágico sino a lo sórdido.

— La mentalidad moderna no concibe que se pueda imponer orden sin recurrir a reglamentos de policía.

— El abuso de la imprenta se debe al método científico y a la estética expresionista.
Al primero porque le permite a cualquier mediocre escribir una monografía correcta e inútil, a la segunda porque legitima las efusiones de cualquier tonto.

— Civilización es lo que nace cuando el alma no se rinde a su plebeyez congénita.

— Al pueblo no lo elogia sino el que se propone venderle algo o robarle algo.

— La internacionalización de las artes no multiplica sus fuentes, sino las causas que las corrompen.

— Marx ha sido el único marxista que el marxismo no abobó.

— El orden paraliza. El desorden convulsiona.
Inscribir un desorden intituido dentro de un orden englobante fue el milagro del feudalismo.

— Las reducciones sistemáticas a términos únicos (placer y dolor, interés, economía, sexo, etc.) fabrican simulacros de inteligibilidad que seducen al ignorante.

— Las "decisiones de la conciencia humana" son el eco clandestino de la moda.

— El efecto de la retórica democrática sobre el gusto se llama náusea.

— Cuando un pénsum escolar adopta a un autor su nombre vive y su obra muere.

— La idea confusa atrae al tonto como al insecto la llama.

— Confío menos en los argumentos de la razón que en las antipatías de la inteligencia.

— Donde es fácil refutar, como en las ciencias naturales, el imbécil puede ser útil sin ser peligroso. Donde es difícil refutar, como en las ciencias humanas, el imbécil es peligroso sin ser útil.

— Las expresiones "culturales" de estos "países nuevos" no nacen orgánicamente las unas de las otras, como ramas de un mismo tronco.

Al contrario, siendo importadas, se superponen mecánicamente las unas sobre las otras, como aluviones eólios.

— Lector auténtico es el que lee por placer los libros que los demás sólo estudian.

— Las "soluciones" que hinchen de orgullo a los contemporáneos parecen en pocos años de una inconcebible estupidez.

— Vivir nos exige llegar a conclusiones, pero no que confiemos en ellas.

— Nada más superficial que las inteligencias que comprenden todo.

— Lo que fue ayer verdad no es siempre error hoy, como lo creen los tontos.
Pero lo que hoy es verdad puede ser error mañana, como los tontos lo olvidan.

— Insultar al inferior es apenas un poco más vil que adularlo.

— El entusiasmo, en los regímenes de izquierda, es un producto sintético elaborado por la policía.

— "Justicia social" es el término para reclamar cualquier cosa a que no tengamos derecho.

— El mayor deleite del verdadero historiador es el espectáculo de una tesis estrellándose en mil pedazos contra un hecho.

— El reaccionario no condena la mentalidad burguesa, sino su predominio. Lo que los reaccionarios deploramos es la absorción de la aristocracia y del pueblo por la burguesía. So capa, alternativamente, de libertad o de igualdad.

— Los "apóstoles de la cultura" acaban volviéndola negocio.

— Nadie debe atreverse, sin temblar, a influir sobre cualquier destino.

— Lo que el demócrata llama "El Hombre" no es más que la proyección espectral de su soberbia.

— Todo es voluminoso en este siglo. Nada es monumental.

— La revolución absoluta es el tema predilecto de los que ni siquiera se atreven a protestar cuando los pisan.

— Lo único que avergüenza al moderno es confesar admiración por un autor pasado de moda.

— Al izquierdista que proteste igualmente contra crímenes de derecha o de izquierda, sus camaradas, con razón, le dicen reaccionario.

— El afán con que hoy se le busca explicación a todo en la psicología del inconsciente es reflejo de la angustia moderna ante la trascendencia.

— Aun cuando tenga razón, una revolución no resuelve nada.

— El periodismo fue la cuna de la crítica literaria. La universidad es su tumba.

— Soy como el pueblo: el lujo no me indigna sino en manos indignas.

— Las revoluciones tienen por función destruir las ilusiones que las causan.

— Al reaccionario no lo indignan determinadas cosas, sino cualquier cosa fuera de lugar.

— El reaccionario es el guardián de las herencias. Hasta de la herencia del revolucionario.

— Para comprender al filósofo no hay que inventariar sus ideas, sino identificar al ángel contra el cual lucha.

— El escritor nos invita a entender su idioma, no a traducirlo en el idioma de nuestras equivalencias.

— Escribir para la posteridad no es ansiar que nos lean mañana. Es aspirar a una determinada calidad de escritura. Aun cuando nadie nos lea.

— No pertenezco a un mundo que perece. Prolongo y transmito una verdad que no muere.

Nuevos Escolios a un Texto Implícito

Tomo I

(Selección)

— Camino entre tinieblas.
Pero me guía el olor de la retama.

— Nada obliga al que tan sólo medita a disputar con
todo tonto que arguya.

— Aun la más discreta verdad le parece al moderno
una insufrible impertinencia.

— La vigencia de una idea no depende de su validez,
depende de conjunturas casuales.

— Las evidencias de una época parecen enigmas a
otra época, y sus enigmas evidencias.
En ciclos sin fin.

— La moda adopta las filosofías que esquivan cautelo-
samente los problemas.

— Lo que significa la belleza de un poema no tiene relación alguna con lo que el poema significa.

— Entre el polo del desierto y el polo de la urbe se extiende la zona ecuatorial de la civilización.

— Para sanar al paciente que lesionó en el XIX, la sociedad industrial tuvo que embrutecerlo en el XX. La miseria espiritual paga la prosperidad industrial.

— De la actual anemia del arte culpemos la doctrina que aconseja a cada artista preferir la invención de un idioma estético propio al manejo inconfundible de un idioma estético común.

— El marxista llama "verdad de clase" la que su clase le impide entender.

— Sin imaginación alerta la inteligencia encalla.

— En las ciencias humanas se toma la última moda por el último estado de la ciencia.

— La perfección de la obra de arte depende del grado de obediencia de sus diversos elementos a su debida jerarquía.

— Socialismo es el nombre comercial del capitalismo de estado en el mercado electoral.

— Los "complejos" que no robustecemos publicándolos, en vez de envenenarnos, a menudo se suicidan.

— Un conjunto personal de soluciones auténticas no tiene coherencia de sistema sino de sinfonía.

— La cortesía es actitud del que no necesita presumir.

— El tonto llama" prejuicios" las conclusiones que no entiende.

— Solo debe inquietarnos lo que hacemos, aun cuando sólo cuenta lo que somos.

— Las ideas nuevas ocasionan remolinos en la historia; las sensibilidades nuevas cambian su curso.

— "Actualidad" designa la suma de lo insignificante.

— Tratemos de adherir siempre al que pierde, para no tener que avergonzarnos de lo que hace siempre el que gana.

— Ser común y corriente sin ser predecible es el secreto de la buena prosa.

— Los problemas también se reparten en clases sociales.
Hay problemas nobles, problemas plebeyos, e innúmeros problemas de medio pelo.

— Cuando un idioma se corrompe sus parlantes creen que se remoza.
En el verdor de la prosa actual hay visos de carne mortecina.

— Las comunicaciones fáciles trivializan hasta lo urgente.

— Las aclamaciones de una época suelen ser más incomprensibles que sus incomprensiones.

— Los temas intocables abundan en tiempos democráticos. Raza, morbos, clima, resultan allí substancias caústicas. Nefando es allí lo que pueda implicar que la humanidad no es causa sui.

— El irrevocable edicto de demolición del mundo moderno nos dejó tan sólo la facultad de elegir al demoledor.
Ángel o demonio.

— Las revoluciones sólo legan a la literatura los lamentos de sus víctimas y las invectivas de sus enemigos.

— Los que viven en crepúsculos de la historia se figuran que el día nace cuando la noche se aproxima.

— La voz que nos seduce no es la voz con que el escritor nace, sino la que nace del encuentro de su talento con su idioma.
La persona misteriosa elaborada por el uso inconfundible de un lenguaje.

— "Reconciliación del hombre consigo mismo" — la más acertada definición de la estupidez.

— El principio de individuación en la sociedad es la creencia en el alma.

— Mientras menos adjetivos gastemos, más difícil mentir.

— Una pudibundez ridícula no le permite hoy al escritor inteligente tratar sino temas obscenos.

Pero ya que aprendió a no avergonzarse de nada, no debiera avergonzarse de los sentimientos decentes.

— El revolucionario no descubre el "auténtico espíritu de la revolución" sino ante el tribunal revolucionario que lo condena.

— La mentira es la musa de las revoluciones: inspira sus programas, sus proclamaciones, sus panegíricos.

Pero olvida amordazar a sus testigos.

— La lectura es droga insuperable, porque más que a la mediocridad de nuestras vidas nos permite escapar a la mediocridad de nuestras almas.

— La persona que no sea algo absurda resulta insoportable.

— La familiaridad sistemática es hipocresía de igualitario que se juzga a sí mismo inferior, o superior, pero no igual.

— Cuidémonos del discurso donde abunde el adjetivo "natural" sin comillas: alguien se engaña a sí mismo, o quiere engañarnos. Desde las fronteras naturales hasta la religión natural.

— El pensamiento genuino sólo descubre sus principios al fin.

— La algarabía de las "explicaciones" calla, cuando una totalidad individual alza la voz.

— Ni petrificarnos en nuestros gustos primiciales, ni oscilar al soplo de gustos ajenos. Los dos mandamientos del gusto.

— La aristocracia auténtica es un sueño popular traicionado por las aristocracias históricas.

— La poesía tiene que deslizarse en este fosco atardecer como perdiz entre las hierbas.

— La inteligencia, en ciertas épocas, tiene que consagrarse meramente a restaurar definiciones.

— Asociados a humildad, hasta los defectos resultan virtudes inéditas.

— Las miradas de los actuantes parecen, en las instantáneas fotográficas de incidentes revolucionarios, mitad cretinas mitad dementes.

— En tiempos aristocráticos lo que tiene valor no tiene precio; en tiempos democráticos lo que no tiene precio no tiene valor.

— Los supuestos enemigos de las burguesía son jardineros expertos que podan sus ramas caducas.
La sociedad burguesa no peligra mientras sus enemigos admiren lo que admira.

— El diálogo sincero acaba en pelotera.

— La historia no tiene leyes que permitan predecir; pero tiene contextos que permiten explicar; y tendencias, que permiten presentir.

— La mentalidad burguesa de la izquierda reconstruirá sucesivamente todas las sociedades burguesas que la izquierda sucesivamente destruya.

— "Encontrarse", para el moderno, quiere decir disolverse en una colectividad cualquiera.

— La grandilocuencia del mensajero suele ser proporcional a la insignificancia del mensaje.

— Proponiéndonos fines prácticos acabamos siempre de brazo con prójimos que no hubiéramos querido tocar con el pie.

— El error no está en soñar que existan jardines secretos, sino en soñar que tienen puertas.

— Los Evangelios, en manos del clero progresista, degeneran en recopilación de trivialidades éticas.

— Es más fácil hacer aceptar una verdad nueva que hacer abandonar los errores que refuta.

— El catedrático sólo logra embalsamar las ideas que le entregan.

— El que anhela la "comunicación perfecta" entre los individuos, su "perfecta transparencia" recíproca, su mutua "posesión perfecta", como cierto pontífice de izquierda, anhela la perfecta sociedad totalitaria.

— Exigirle a la inteligencia que se abstenga de juzgar le mutila su facultad de comprender.
En el juicio de valor la comprensión culmina.

— El terrorismo no surge donde existen opresores y oprimidos, sino donde los que se dicen oprimidos no confrontan opresores.

— No existe verdad en las ciencias humanas que no sea forzoso redescubrir cada ocho días.

— La mente moderna se anquilosó por creer que hay problemas resueltos.

— El izquierdista emula al devoto que sigue venerando la reliquia después de comprobar la impostura del milagro.

— Las civilizaciones son bullicio estival de insectos entre dos inviernos.

— El que se "supera" ostenta meramente su inopia en más conspicuo sitio.

— "Sociedad sin clases" es aquella donde no hay aristocracia, ni pueblo.

Donde sólo circula el burgués.

— Lo que el reaccionario dice nunca interesa a nadie. Ni cuando lo dice, porque parece absurdo; ni al cabo de unos años, porque parece obvio.

— El absolutismo, intelectual o político, es el pecado capital contra el método jerárquico.

Usurpación, por uno de los términos de un sistema, de los fueros de los otros.

"Rueda de la fortuna" es mejor alegoría de la historia que "evolución de la humanidad".

— Las ilusiones son las plagas del que renuncia a la esperanza.

— La libertad embriaga como licencia de ser otro.

— Sólo el fracaso político de la derecha equilibra, en nuestro tiempo, el fracaso literario de la izquierda.

— Para actuar se requiere una noción operacional del objeto; pero se requiere una noción poética para comprender.

— El cristianismo no enseña que el problema tenga solución, sino que la invocación tiene respuesta.

— El filósofo no demuestra, muestra.
Nada dice al que no ve.

— Dios acaba de parásito en las almas donde predomina la ética.

— El teólogo deprava la teología queriendo convertirla en ciencia.
Buscándole reglas a la gracia.

— Lo difícil no es creer en Dios, sino creer que le importemos.

— Por haberse presumido capaz de darle plenitud al mundo, el moderno lo ve volverse cada día más vacío.

— Sociedad civilizada es aquella donde dolor y placer físico no son los argumentos únicos.

— El cristiano sabe que nada puede reclamar, pero que puede esperar todo.

— Renunciamos más fácilmente a una realidad que a sus símbolos.

— El cristianismo no resuelve "problemas"; meramente nos obliga a vivirlos en más alto nivel.

Los que pretenden que los resuelva lo enredan en la ironía de toda solución.

— La cortesía es obstáculo al progreso.

— Porque fallaron los cálculos de sus expectativas, el tonto cree burlada la locura de nuestras esperanzas.

— Tanto en la sociedad como en el alma, cuando las jerarquías dimiten los apetitos mandan.

— Carecemos de más sólidas razones para prever que habrá un mañana que para creer que habrá otra vida.

— "Concientizar" es la variante púdica de adoctrinar.

— Las generaciones recientes circulan entre los escombros de la cultura de Occidente como caravana de turistas japoneses por las ruinas de Palmira.

— El espíritu no se transmite de un mortal a otro mortal mediante fórmulas.
Más fácilmente que por un concepto, el espíritu pasa de un alma a otra alma por una quebradura de la voz.

— El espíritu es falible sumisión a normas, no infalible sujeción a leyes.

— Los reaccionarios eludimos necesariamente por fortuna la vulgaridad del perfecto ajuste a las modas del día.

— El pecado mortal del crítico está en soñar secretamente que podría perfeccionar al autor.

— Tan sólo entre amigos no hay rangos.

— La mano que no supo acariciar no sabe escribir.

— Las experiencias espiritualmente más hondas no provienen de meditaciones intelectuales profundas, sino de la visión privilegiada de algo concreto.

En el larario del alma no veneramos grandes dioses, sino fragmentos de frases, gajo de sueños.

— Las distintas posturas del hombre lo colocan ante valores distintos.

No existe posición privilegiada desde la cual se observe la conjunción de todos en un valor único.

— La tradición es obra del espíritu que, a su vez, es obra de la tradición.

Cuando una tradición perece el espíritu se extingue, y las presentaciones que plasmó en objetos revierten a su condición de utensilios.

El mundo no es lugar donde el alma se aventura, sino su aventura misma.

— Retórica es todo lo que exceda lo estrictamente necesario para convencerse a sí mismo.

— La técnica tradicional educaba, porque su aprendizaje trasmitía gestos insertos en un modo de existencia; la enseñanza de la técnica racionalista meramente instruye, trasmitiendo gestos solos.

— Las ideas nuevas suelen ser rescoldo que avivan nuevos soplos del espíritu.

— El hombre no sabe que destruye sino después de haberlo destruido.

— Si las palabras no reemplazan nada, sólo ellas completan todo.

— El que se dice respetuoso de todas las ideas se confiesa listo a claudicar.

— Porque sabemos que el individuo le importa a Dios, no olvidemos que la humanidad parece importarle poco.

— Morir es el signo inequívoco de nuestra dependencia.
Nuestra dependencia es el fundamento inequívoco de nuestra esperanza.

— Resolvemos ciertos problemas demostrando que no existen y de otros negamos que existan para no tener que resolverlos.

— El hombre cortés seduce en secreto aún al que lo insulta.

— De lo importante no hay pruebas, sino testimonios.

— Las reglas éticas varían, el honor no cambia.
Noble es el que prefiere fracasar a envilecer las herramientas de su triunfo.

— Al que yerra de buena voluntad se le imputan a la vez su buena voluntad y su error.

— Las exigencias del honor crecen con el rango de las obligaciones y parecen pronto extravagantes a las almas plebeyas.

— Lo que vuelve sonrisa la contracción de unos músculos es el roce de invisibles alas.

— Si pudiéramos demostrar la existencia de Dios, todo se habría sometido al fin a la soberanía del hombre.

— Los pasos de la gracia nos espantan como pasos de transeúnte entre la niebla.

— Todo lo que vale en el mundo le es incongruo, y el mundo no lo arrastra consigo hacia su ocaso.
Nuestras dichas pretéritas nos esperan al final de la jornada para ungir nuestros pies heridos.

— La pasividad de las cosas nos engaña: nada manipulamos con descaro sin herir a un dios.

— Siempre hay Termópilas en donde morir.

— Reducir el pensamiento ajeno a sus motivos supuestos nos impide comprenderlo.

— Las noticias son el substituto de las verdades.

— La definición ubica el objeto, pero sólo la descripción lo capta.

— El alma sólo se forja bajo innúmeras atmósferas de sueños.

— Los problemas metafísicos no acosan al hombre para que los resuelva, sino para que los viva.

— Para obtener del técnico exclusiva aplicación a su oficio, la sociedad industrial, sin deformarle el cráneo, le comprime el cerebro.

— Pocas personas no requieren que las circunstancias les compliquen un poco el alma.

— El costo del progreso se computa en tontos.

— El mimetismo embelesado del meteco es el disolvente de las culturas.
Una cultura, en efecto, no perece absorbiendo elementos exóticos, sino siendo asimilada y difundida por mentes foráneas.

— Las culturas moribundas intentan sobrevivir imitándose sistemáticamente o radicalmente innovando.
La salud espiritual está, al contrario, en prolongar sin imitar y en innovar sin abolir.

— Los modos infalibles de ganar son más desastrosos que cualquier derrota.

— El escenario de la historia se volvió sofocante.
De los ilimitados espacios prehistóricos hemos llegado a la ubicuidad posible del más trivial acontecimiento.

— El biógrafo no debe confundir su compromiso de decirnos el cómo de su biografiado con la ridícula pretensión de explicarnos el porqué.

— Las distancias entre naciones, clases sociales, culturas, razas, son poca cosa.
La grieta corre entre la mente plebeya y la mente patricia.

— El que irrespeta para demostrar su igualdad patentiza su inferioridad.

— Para desatar grandes catástrofes no se necesitan hoy grandes ambiciones, basta la acumulación de pequeñas codicias.

— El lujo moderno desarma la envidia.

— Saber leer es lo último que se aprende.

— Al que pregunte con angustia qué toca hacer hoy, contestemos con probidad que hoy sólo cabe una lucidez impotente.

— El pecado deja de parecer ficción, cuando hemos recibido en plena cara el impacto de su vulgaridad estética.

— Educar no es transmitir recetas, sino repugnancias y fervores.

— El sacrificio de la misa es hoy el suplicio de la liturgia.

— El moderno es menos orgulloso que presumido.

— La austeridad religiosa fascina, la severidad ética repele.

— La inteligencia se capacita para descubrir verdades nuevas redescubriendo viejas verdades.

— El moralismo rígido embota la sensibilidad ética.

— La mirada de cualquier hombre inteligente hace tropezar a cualquier dignatario.

— La más grave acusación contra el mundo moderno es su arquitectura.

— La humanidad es el único dios totalmente falso.

— Es reaccionario quienquiera no esté listo a comprar su victoria a cualquier precio.

— Nadie es importante durante largo tiempo sin volverse bobo.

— El atardecer de ciertas vidas no tiene patetismo de ocaso sino plenitud de mediodía.

— El hombre práctico frunce un ceño perplejo al oír ideas inteligentes, tratando de resolver si oye pamplinas o impertinencias.

— Al público no lo convencen sino las conclusiones de raciocinios cuyas premisas ignora.

— En la historia es sensato esperar milagros y absurdo confiar en proyectos.

— El intelectual irrita al hombre culto como el adolescente al adulto, no por la audacia de sus ocurrencias sino por la trivialidad de sus petulancias.

— El infortunio hoy día de innúmeras almas decentes está en tener que desdeñar, sin saber en nombre de qué hacerlo.

— El estilo es orden a que el hombre somete el caos.

— El determinista jura que no había pólvora, cuando la pólvora no estalla; jamás sospecha que alguien apagó la mecha.

— Proclamar al cristianismo "cuna del mundo moderno" es una acusación grave o una grave calumnia.

— El libro que una "juventud contemporánea" adopta necesita decenios de penitencia para expiar las sandeces que inspira.

— Hombre decente es el que se hace a sí mismo exigencias que las circunstancias no le hacen.

— La actividad revolucionaria del joven es el "rite de passage" entre la adolescencia y la burguesía.

— Cada cual sitúa su incredulidad en sitio distinto. La mía se acumula donde nadie duda.

— Creo más en la sonrisa que en la cólera de Dios.

— El especialista, en las ciencias humanas, ambiciona ante todo cuantificar lo obvio.

— El escepticismo no mutila la fe, la poda.

— No bastan las palabras para que una civilización se transmita. Cuando su paisaje arquitectónico se derrumba, el alma de una civilización deserta.

— El gusto no se deshonra con lo que le plazca o deteste, sino con lo que erróneamente equipare.

— El alma es cantidad que decrece a medida que más individuos se agrupan.

— Al suprimir determinadas liturgias suprimimos determinadas evidencias.

Talar bosques sagrados es borrar huellas divinas.

— Sólo el escepticismo estorba la incesante entronización de ídolos.

— "Etre absolument moderne" es el anhelo específico del pequeño burgués.

— La calidad de una inteligencia depende menos de lo que entiende que de lo que la hace sonreír.

— Lo más inquietante en la actitud del clero actual es que sus buenas intenciones parezcan a menudo incuestionables.

— Los resultados no cambian, aun cuando todo cambie, si la sensibilidad no cambia.

— El tonto grita que negamos el problema cuando mostramos la falsedad de su solución favorita.

— El moderno es el hombre que olvida lo que el hombre sabe del hombre.

— Las culturas se resecan cuando sus ingredientes religiosos se evaporan.

— El estado merecerá respeto nuevamente, cuando nuevamente se restrinja a simple perfil político de una sociedad constituida.

— Todo cristiano ha sido directamente responsable del endurecimiento de algún incrédulo.

— El reflorecimiento periódico de lo que decreta obsoleto le amarga la vida al progresista.

— La fe no es asentimiento a conceptos, sino repentino resplandor que nos postra.

— En el océano de la fe se pesca con una red de dudas.

— El consentimiento no funda la autoridad, la confiesa.

— El nombre con que se nos conoce es meramente el más conocido de nuestros seudónimos

— El artista no compite con sus congéneres, batalla con su ángel.

— El libro ameno no atrae al tonto mientras no lo cauciona una interpretación pedante.

— El moderno se asorda de música, para no oírse.

— Entre los inventos de la soberbia humana se desliza finalmente uno que los destruye a todos.

— La explicación implica, la comprensión despliega. La explicación empobrece, identificando los términos; la comprensión enriquece, diversificándolos.

— La verdad total no será empacho de un proceso dialéctico que engulle todas las verdades parciales, sino límpida estructura en que se ordenan.

— El desgaste de un idioma es más rápido, y la civilización que sobre él se asienta más frágil, cuando el pedantismo gramatical se olvida.

Las civilizaciones son períodos de gramática normativa.

— No es tanto la zambra plebeya que las revoluciones desatan lo que espanta al reaccionario, como el orden celosamente burgués que engendran.

— El pintoresco traje de revolucionario se descolora insensiblemente en severo uniforme de policía.

— Sin estructura jerárquica no es posible transformar la libertad de fábula en hecho.

El liberal descubre siempre demasiado tarde que el precio de la igualdad es el estado omnipotente.

— Reaccionarios y marxistas viviremos igualmente incómodos en la sociedad futura; pero los marxistas mirarán con ojos de padre estupefacto, nosotros con ironía de forastero.

— El emburguesamiento del proletariado se originó en su conversión al evangelio industrial que el socialismo predica.

— El número creciente de los que juzgan "inaceptable" el mundo moderno nos confortaría, si no los supiéramos cautivos de las mismas convicciones que lo hicieron inaceptable.

— La prontitud con que la sociedad moderna absorbe a sus enemigos no se explicaría, si la gritería aparentemente hostil no fuese simple requerimiento de promociones impacientes.

— Nada cura al progresista.
Ni siquiera los pánicos frecuentes que le propina el progreso.

— Los economistas se equivocan infaliblemente porque se figuran que extrapolar permite predecir.

— Los modelos en las ciencias humanas se transforman subrepticiamente, con suma desenvoltura, de herramientas analíticas en resultados del análisis.

— No es a resolver contradicciones, sino a ordenarlas, a lo que podemos pretender.

— La historia es menos evolución de la humanidad que despliegue de facetas de la naturaleza humana.

— Innúmeros problemas provienen del método con que pretendemos resolverlos.

— A la humanidad, en su jornada, sólo no le llagan los pies los zapatos viejos.

— La historia del cristianismo sería sospechosamente humana, si no fuese aventura de un dios encarnado.
 El cristianismo asume la miseria de la historia, como Cristo la del hombre.

— De los problemas que ensucian nos salvan los problemas que angustian.

— Las tesis de la izquierda son raciocinios cuidadosamente suspendidos antes de llegar al argumento que los liquida.

— El que no se agita sin descanso, para hartar su codicia, siempre se siente en la sociedad moderna un poco culpable.

— La lucidez es el botín del derrotado.

— Si no encuentra sucesivas barreras de incomprensión, la obra de arte no impone su significado.

— Las supuestas vidas frustradas suelen ser meras petulantes ambiciones frustradas.

— En toda época hay dos tipo de lectores: el curioso de novedades y el aficionado a la literatura.

— Lo que el historiador de izquierda considera central en una época no ha sido nunca tema de obras que la posteridad admire.

— Al objeto no lo constituye la suma de sus representaciones posibles, sino la de sus representaciones estéticamente satisfactorias.

— La pedantería es el arma con que el profesional protege sus intereses gremiales.

— Los hombres no se proclaman iguales porque se creen hijos de Dios, sino cuando se creen partícipes de la divinidad.

— Al mundo moderno precisamente lo condena todo aquello con que el moderno pretende justificarlo.

— El placer estético es criterio supremo para las almas bien nacidas.

— Para refutar la nueva moral basta observar el rostro de sus adeptos envejecidos.

— El capitalismo es la faz vulgar del alma moderna, el socialismo su faz tediosa.

— El reaccionario no solamente tiene olfato para husmear lo absurdo, también tiene paladar para saborearlo.

— La integración creciente de la humanidad le facilita meramente compartir los mismos vicios.

— Los que niegan la existencia de rangos no se imaginan con cuánta claridad los demás les ven el suyo.

— Porque oyó decir que las proposiciones religiosas son metáforas, el tonto piensa que son ficciones.

— Tengo un solo tema: la soberbia.
Toda mancha es su huella.

— Es indecente, y hasta obsceno, hablarle al hombre de "progreso", cuando todo camino asciende entre cipreses funerales.

— No hay ideas que ensanchen la inteligencia, pero hay ideas que la encogen.

— El tiempo destila la verdad en el alambique del arte.

— El mecanismo psicológico del individuo "sin prejuicios" carece de interés.

— La sensualidad es legado cultural del mundo antiguo.
Las sociedades donde la huella greco-romana se borra, o donde no existe, sólo conocen sentimentalismo y sexualidad.

— Más que de la plebe que las insulta tenemos que defender nuestras verdades de los defensores que las aplebeyan.

— La palabra no se nos concedió para expresar nuestra miseria, sino para transfigurarla.

— Para juzgar con acierto hay que carecer de principios.

— Para que una continuidad cultural se rompa basta la destrucción de ciertas instituciones, pero cuando se reblandece el alma no basta la supervivencia de las mismas para que no se rompa.

— Hasta del mismo amor el sexo hila sólo parte de la trama.

— Tratemos de convertir el peso que agobia en fuerza ascensional que salve.

— Tan sólo en lo que logra expresar noblemente capta el hombre verdades profundas.

— No es en el descampado del mundo en donde el hombre muere de frío, es en el palacio de conceptos que el intelecto levanta.

— No hay oficio despreciable, mientras no se le atribuya importancia que no tiene.

— Atribuir a Occidente una posición axil en la historia sería extravagante, si el resto del mundo copiara sólo su técnica, si cualquier forma que hoy se invente, en cualquier parte, no pareciese siempre inventada por un occidental sin talento.

— Cuando decimos que las palabras transfiguran, el tonto entiende que adulteran.

— El error no grana bien sino a la sombra de la verdad. Hasta el diablo se esquiva aburrido de donde el cristianismo se extingue.

— La fealdad del rostro moderno es fenómeno ético.

— La interpretación económica de la historia cojea, mientras la economía se limita a ser infraestructura de la existencia humana.

Pero resulta pertinente, en cambio, cuando la economía, al convertirse en programa doctrinario de la transformación del mundo, se vuelve superestructura.

— Su serio entrenamiento universitario blinda al técnico contra cualquier idea.

— Para inducirnos a que las adoptemos, las ideas estúpidas alegan el inmenso público que las comparte.

— El pensamiento reaccionario irrumpe en la historia como grito monitorio de la libertad concreta, como espasmo de angustia ante el despotismo ilimitado a que llega el que se embriaga de libertad abstracta.

— A nosotros, sedentarios indiferentes a la moda, nada nos divierte más que el galope jadeante de los progresistas rezagados.

— Amar al prójimo es sin duda mandamiento, pero el evangelio es el amor que nos espera.

— El moderno invierte el rango de los problemas. Sobre la educación sexual, por ejemplo, todos pontifican, ¿pero a quién preocupa la educación de los sentimientos?.

— La destreza literaria consiste en mantenerle su temperatura a la frase.

— No es porque las críticas al cristianismo parezcan válidas por lo que se deja de creer, es porque se deja de creer por lo que parecen válidas.

— Toda época acaba en mascarada.

— Para simular que conocemos un tema, lo aconsejable es adoptar su interpretación más reciente.

— El dolor, el mal, el pecado, son evidencias sobre las cuales nos podemos apoyar sin temer que se quiebren.

— No es solo al lector autóctono a quien la visión del crítico extranjero parece usualmente desenfocada, es también al lector foráneo.
Para apreciar mímica o crítica, en efecto, no se requiere ser crítico o mimo.

— Ya nadie ignora que "transformar el mundo" significa burocratizar al hombre.

— Condenarse a sí mismo no es menos pretencioso que absolverse.

— Llamar obsoleto lo que meramente dejó de ser inteligible es un error vulgar.

— El poder corrompe más seguramente al que lo codicia que al que lo ejerce.

— Para lo que se necesita atrevimiento hoy es para no contribuir a ensuciar.

— Las ideas liberales son simpáticas.
Sus consecuencias funestas.

— La revolución parece ya menos técnica de un proyecto que droga para fugarse del tedio moderno a ratos perdidos.

— No esperemos que un éxito cualquier resulte sino de imprevisibles coincidencias.

— Más vale ver insultado lo que admiramos que utilizado.

— Desconfiemos del que no sea capaz, en determinadas circunstancias, de sentimentalismo fofo.

— Al fin y al cabo, — ¿qué llama "Progreso" el moderno?. Lo que le parece cómodo al tonto.

— Frente a los asaltos del capricho, la autenticidad necesita asirse a principios para salvarse. Los principios son puentes sobre los repentinos desbordamientos de una vida.

— Con las categorías admitidas por la mente moderna no logramos entender sino simplezas.

— La eficacia de una acción inteligente es hoy tan problemática que no vale la pena disciplinar nuestras quimeras.

— El Olimpo, para una mente moderna, es simple picacho entre nubes.

— El profeta no es confidente de Dios, sino harapo sacudido por borrascas sagradas.

— Nada patentiza mejor la realidad del pecado que el hedor de las almas que niegan su existencia.

— El único atributo que se puede sin vacilación denegarle al hombre es la divinidad.
Pero esa pretensión sacrílega, sin embargo, es el fermento de su historia, de su destino, de su esencia.

— Admirar únicamente obras mediocres, o leer únicamente obras maestras, caracterizan al lector inculto.

— Todo esplendor terrestre es labor de manos atónitas, porque ningún esplendor depende de la voluntad humana.
Porque todo esplendor refuta la aserción radical del pecado.

— El nacionalismo literario selecciona sus temas con ojos de turista.
De su tierra no ve sino lo exótico.

— Reeducar al hombre consistirá en enseñarle de nuevo a estimar correctamente los objetos, i.e: a necesitar pocos.

— Sin la influencia de lo que el tonto llama retórica, la historia no hubiese sido más que un tumulto sórdido.

— El pecado radical relega al pecador en un universo silencioso y gris que deriva a flor de agua, náufrago inerte, hacia la insignificancia inexorable.

— No es porque existan épocas "superadas" por lo que ninguna restauración es posible, sino porque todo es mortal.

El hijo no sucede a un padre superado, sino a un padre muerto.

— Lo que descubrimos al envejecer no es la vanidad de todo, sino de casi todo.

— El hombre emerge de la bestia al jerarquizar sus instintos.

— La precisión en filosofía es una falsa elegancia. En cambio la precisión literaria es fundamento del acierto estético.

— Del encuentro con dioses subterráneos cuidémonos de regresar dementes.

— Los hombres no suelen habitar sino el piso bajo de sus almas.

— La historia auténtica es transfiguración del acontecimiento bruto por la inteligencia y la imaginación.

— El individuo no busca su identidad sino cuando desespera de su calidad.

— El que le niega sus virtudes a la burguesía ha sido contaminado por el peor de sus vicios.

— Desconfío del sistema que el pensamiento deliberadamente construye, confío en el que resulta de la constelación de sus huellas.

— El absolutista anhela una fuerza soberana que sojuzgue a las otras, el liberal una multitud de fuerzas débiles que se neutralicen mutuamente.
Pero el mandamiento axiológico decreta jerarquías de fuerzas múltiples, vigorosas y actuantes.

— Ser estúpido es creer que se puede fotografiar el sitio que cantó un poeta.

— Las ideologías son ficticias cartas de marear, pero de ellas depende finalmente contra cuáles escollos se naufraga.

Si los intereses nos mueven, las estupideces nos guían.

— A la interpretación fisiológica recurre el que le tiene miedo al alma.

— Sin rutinas religiosas las almas desaprenden los sentimientos sutiles y finos.

— El apologista de cualquier causa cae fácilmente en la tentación de exceder su propio convencimiento.

— En las elecciones democráticas se decide a quiénes es lícito oprimir legalmente.

— Los errores nos distraen de la contemplación de la verdad induciéndonos a que los espantemos a gritos.

— La Iglesia evitó su esclerosis en secta exigiéndole al cristiano que se exigiese perfección a sí mismo, no que se la exigiese al vecino.

— Desaparecida la clase alta, no hay ya dónde refugiarse de la suficiencia de la media y de la grosería de la baja.

— Optemos sin vacilar, pero sin esconder que los argumentos que rechazamos equilibran con frecuencia los que acogemos.

— No parece que las ciencias humanas, a diferencia de las naturales, lleguen a un estado de madurez donde las necedades automáticamente sean obvias.

— De los barrios bajos de la vida no se regresa más sabio, sino más sucio.

— Todo rueda hacia la muerte, pero sólo lo carente de valor hacia la nada.

— Los "grandes hombres" son espectros luminosos que se desvanecen en la luz divina y en la noche plebeya.

— Viviendo entre opiniones se olvida la importancia de un simple acento entre ideas.

— Las cuatro o cinco proposiciones filosóficas invulnerables nos permiten tomarles el pelo a las demás.

— El público contemporáneo es el primero al cual se le vende fácilmente lo que ni necesita, ni le gusta.

— Los que decimos lo que pensamos, sin precaución ni reticencia, no somos aprovechables ni por quienes piensan como nosotros.

— El progresista sueña en la estabulación científica de la humanidad.

— La condición suficiente y necesaria del despotismo es la desaparición de toda especie de autoridad social no conferida por el Estado.

— Toda verdad nace entre un buey y un asno.

— El más desastroso desatino en las letras es la observancia estricta de la regla estética del día.

— Los sueños de excelencia no merecen respeto sino cuando no disfrazan un vulgar apetito de superioridad.

— El pueblo quiere lo que le sugieren que quiera.

— El especialista, cuando le inspeccionan sus nociones básicas, se eriza como ante una blasfemia y tiembla como ante un terremoto.

— Entre el hombre y la nada se atraviesa la sombra de Dios.

— El ritualismo de las conversaciones cotidianas nos oculta misericordiosamente el moblaje elemental de las mentes entre las cuales vivimos.

Para evitarnos sobresaltos evitemos que nuestros interlocutores "eleven el debate".

— Debemos desconfiar de nuestro gusto pero creer sólo en él.

— Una población escasa produce menos inteligencias medias que una población numerosa, pero puede producir un número igual o superior de talentos. Las fuertes densidades demográficas son el caldo de cultivo de la mediocridad.

— El paladar es el único laboratorio idóneo al análisis de textos.

— La claridad es virtud de quien no desconfía de lo que dice.

— La sinceridad se vuelve pronto pretexto para decir boberías.

— Los libros de que no quisiéramos despedirnos suelen ser aquellos a que rehuíamos acercarnos.

— La literatura no es droga psicológica, sino lenguaje complejo para decir cosas complejas.
Un texto melodramático o cacofónico, además de feo, es falso.

— El error camina casi siempre con más garbo que la verdad.

— Cuando la inteligencia de una sociedad se aplebeya, la crítica literaria parece más.lúcida mientras más burda.

— No es la grandeza del hombre lo que me empeño en negar, sino la pretendida omnipotencia de sus manos.

— Una ambición extrema nos protege del engreimiento.

— De la vulgaridad intelectual sólo se salva el que ignora lo que está de moda saber.

— El socialismo nació como nostalgia de la integración social destruida por el atomismo burgués.
Pero no entendió que la integración social no es compactación totalitaria de individuos, sino totalidad sistemática de una jerarquía.

— Llámanse progresos los preparativos de las catástrofes.

— El descalabro de expertos es siempre espectáculo simpático.

— El individualismo no es antítesis del totalitarismo sino condición. Totalitarismo y jerarquía, en cambio, son posiciones terminales de movimientos contrarios.

— La compasión, en este siglo, es arma ideológica.

— Finalmente tan sólo defendemos y atacamos con ahínco posiciones religiosas.

— El individualismo pregona las diferencias, pero fomenta las similitudes.

— El católico actual mira las "ideas científicas" con veneración estúpida.

— Sólo pocos admiran sin preocuparse de que su admiración los desacredite o acredite.

— La libertad es derecho a ser diferente; la igualdad es prohibición de serlo.

— En las almas bien nacidas las normas se naturalizan.

— El liberalismo pregona el derecho del individuo a envilecerse, siempre que su envilecimiento no estorbe el envilecimiento del vecino.

— Cada nueva generación, en los dos últimos siglos, acaba mirando con nostalgia lo que parecía abominable a la anterior.

— Al individuo auténtico no es posible sumarlo, sólo es posible ordenarlo.

— La dictadura es la tecnificación de la política

— Los lectores del escritor reaccionario jamás saben si conviene aplaudirlo con entusiasmo o patearlo con rabia.

— Entre la dictadura de la técnica y la técnica de la dictadura el hombre ya no halla resquicio por donde escabullirse.

— Esperar que la vulnerabilidad creciente de un mundo crecientemente integrado por la técnica no exija un despotismo total, es mera tontería.

— La fortuna desmoraliza sin remedio cuando carece de función política adjunta. Hasta la plutocracia es preferible a la riqueza irresponsable.

— No engañemos a nadie: el diablo puede suministrar los bienes materiales que promete.

— Los conflictos rara vez estallan a propósito de las verdaderas discrepancias.

— El tonto muere de tedio sin preocupaciones económicas.

— Las historias nacionales interesan hasta que el país se "moderniza".
Después bastan las estadísticas.

— Austeridad, resignación, modestia, según el dogma moderno, son servidumbres ideológicas.

— La homogeneidad de una sociedad crece con el número de sus participantes.

— La mentalidad moderna ignora que en el nivel metaeconómico de la economía la intensidad de la demanda crece con la intensidad de la oferta, que el hambre allí no aumenta con la carencia sino con la abundancia, que el apetito se exacerba allí con la saciedad creciente.

— Hoy pretenden que perdonar sea negar que hubo delito.

— Buscamos inútilmente el porqué de ciertas cosas porque debiéramos buscar el porqué de las contrarias.

— Las reformas son las rampas de acceso a las revoluciones.

— El reaccionario neto no es soñador de pasados abolidos, sino cazador de sombras sagradas sobre las colinas eternas.

— Como el aparato intelectual de nuestros contemporáneos es únicamente sensible a ideas de frecuencia autorizada por los dogmas modernos, las democracias astutas comprendieron la superfluidad de la censura.

— Ante la Iglesia actual (clero – liturgia – teología) el católico viejo se indigna primero, se asusta después, finalmente revienta de risa.

— El más impúdico espectáculo es el de la palpitación voluptuosa con que una muchedumbre escucha al orador que la adula.

— El intelectual emancipado comparte con sus coetáneos el "gusto personal" de que se ufana.

— Escamado por la vehemencia con que el artista le recuerda sus célebres desatinos, el crítico camina con pasos aprensivos, temiendo que patentes fealdades resulten insólitas bellezas.

No es para admirar para lo que se necesita hoy intrepidez, es para reprobar.

— La compasión que les manifestamos a los unos nos sirve para justificar la envidia que nos despiertan los otros.

— El encomio de la justicia nos embriaga, porque nos parece apología de la pasión, justa o injusta, que nos ciega.

— Si se aspira tan sólo a dotar de un número creciente de artículos a un número creciente de seres, sin que importe la calidad de los seres, ni de los artículos, el capitalismo es la solución perfecta.

— Los partidos políticos contemporáneos han acabado confluyendo hasta en la misma retórica.

— El profesional nunca confiesa que en la ciencia que practica abundan verdades insignificantes.

— Aún para la compasión budista el individuo es sólo sombra que se desvanece.
La dignidad del individuo es impronta cristiana sobre arcilla griega.

— El que se cree original sólo es ignorante.

— La auténtica superioridad le es insoportable al tonto. Sus simulacros, en cambio, lo embelesan.

— Sobre los verdaderos resultados de una revolución previa consultemos a los revolucionarios que preparan la siguiente.

— El escritor debe saber que pocos lo verán por muchos que lo miren.

— El hombre sale menos a caza de verdades que de escapatorias.

— El que no pregona panaceas no adquiere el compromiso de contestar preguntas para las que no tiene respuestas.

— Toda sociedad nace con enemigos que la acompañan en silencio hasta la encrucijada nocturna donde la deguellan.

— Mientras más grande sea un país democrático más mediocres tienen que ser sus gobernantes: son elegidos por más gente.

— El olor del pecado de soberbia atrae al hombre como el de la sangre a la fiera.

— La humanidad localiza usualmente el dolor donde no está la herida, el pecado donde no está la culpa.

— De la riqueza o del poder debiera sólo hablar el que no alargó la mano cuando estuvieron a su alcance.

— El que quiera saber cuáles son las objeciones graves al cristianismo debe interrogarnos a nosotros.
El incrédulo sólo objeta boberías.

— Las supuestas "leyes sociológicas" son hechos históricos más o menos extensos.

— Nuestra herencia espiritual es tan opulenta que hoy le basta explotarla al tonto astuto para parecerle más inteligente al tonto lerdo que un hombre inteligente de ayer.

— La instrucción no cura la necedad, la pertrecha.

— La suficiencia colectiva llega a repugnar más que la individual. El patriotismo debe ser mudo.

— El diablo patrocina el arte abstracto, porque representar es someterse.

— Asistimos hoy a una proliferación exuberante de muchedumbres no-europeas, pero por ninguna parte asoman civilizaciones nuevas, amarillas, cobrizas o negras.

— Las historias nacionales han venido a desembocar todas en un occidentalismo degenerado.

— El demócrata compulsa como textos sacros las encuestas sobre opinión pública.

— El demócrata se consuela con la generosidad del programa de la magnitud de las catástrofes que engendra.

— Mediante la noción de "evolución cultural", el antropólogo demócrata trata de esquivar las interrogaciones biológicas.

— Tan estúpido es "tener fe" (sin saber en quién) como anhelar "una fe" (sin saber cuál).

— El titanismo del arte moderno comienza con el titanismo heroico de Miguel-Ángel y concluye con el titanismo caricatural de Picasso.

— Cuando entendemos lo que entendieron los que parecieron entender, quedamos estupefactos.

— La izquierda nunca atribuye su fracaso a error de diagnóstico sino a perversidad de los hechos.

— Para oprimir al pueblo es necesario suprimir en nombre del pueblo lo que se distinga del pueblo.

— El que no se mueve entre obras de arte como entre animales peligrosos no sabe entre qué se mueve.

— A los filósofos cristianos les ha costado trabajo tomar el pecado en serio, es decir: ver qué trasciende los fenómenos éticos.

— El apostolado pervierte de dos maneras: o induciendo a mitigar para adormecer, o a exagerar para despertar.

— La condescendencia teórica con el vicio no es prueba de liberalidad y de elegancia, sino de vulgaridad.

— La fe no es convicción que debamos defender, sino convicción contra la cual no logramos defendernos.

— El pueblo no se convierte a la religión que predica una minoría militante, sino a la que impone una minoría militar. Cristianismo o Islamismo lo supieron; el comunismo lo sabe.

— Reduzcamos nuestros asertos sobre el hombre a especificaciones sobre estratos de individuos.

— Lo convencional no tiene por qué ser defecto estético, siendo mero rasgo sociológico.

— Al subjetivismo petulante del que se cree medida se contrapone el subjetivismo humilde del que se niega a ser eco.

— Nadar contra la corriente no es necedad si las aguas corren hacia cataratas.

— El pensador contemporáneo nos conduce por un laberinto de conceptos a un lugar público.

— Las facciones del circo no fueron partidos políticos; los partidos políticos de hoy son facciones de circo.

— Salvo el reaccionario, hoy sólo encontramos candidatos a administradores de la sociedad moderna.

— El análisis crítico que practica la crítica actual es ilegible y vuelve ilegible la obra que analiza.

— Hoy el individuo tiene que ir reconstruyendo dentro de sí mismo el universo civilizado que va despareciendo en torno suyo.

— Enseñar literatura es enseñarle al alumno a creer que admira lo que no admira.

— Si el poder de una imagen dependiera de la clase de recuerdos que evoca según el psicoanalista, ninguna imagen despertaría nostalgia sino risa.

— La compasión es la mejor excusa de la envidia.

— El sufragio popular es hoy menos absurdo que ayer: no porque las mayorías sean más cultas, sino porque las minorías lo son menos.

— Librar al hombre es sujetarlo a la codicia y al sexo.

— Aprender que los bienes más valioso son los menos raros cuesta un largo aprendizaje.

— Después de ver el trabajo explotar y arrasar el mundo, la pereza parece madre de las virtudes.

— El individuo sofrena sus codicias más fácilmente que la humanidad las suyas.

— La vanidad nacionalista del ciudadano de país importante es la más divertida: la diferencia entre el ciudadano y su país siendo allí mayor.

— Padre moderno es el dispuesto a sacrificios pecuniarios para que sus hijos no lo prolonguen, ni lo reemplacen, ni lo imiten.

— No debemos asustarnos: lo que admiramos no muere. Ni regocijarnos: lo que detestamos tampoco.

— El diálogo no consiste en inteligencias que discuten sino en vanidades que se afrontan.

— Todo episodio revolucionario necesita que un partidario lo relate y que un adversario lo explique.

— El hombre habla de la relatividad de la verdad, porque llama verdades sus innúmeros errores.

— La incuria con que la humanidad actual disipa sus bienes parece indicar que no espera descendientes.

— Las lenguas clásicas tienen valor educativo porque están a salvo de la vulgaridad con que la vida moderna corrompe las lenguas en uso.

— El número de cosas censurables se le reduce enormemente al que cesa de envidiar.

— La educación sexual se propone facilitarle al educando el aprendizaje de la perversiones sexuales.

— Cuando los acontecimiento lo maltratan el pesimista invoca derechos.

— El ateo se consagra menos a verificar la inexistencia de Dios que a prohibirle que exista.

— Quien se atreve a pedir que el instante se detenga y que el tiempo suspenda su vuelo se rinde a Dios; quien celebra futuras armonías se vende al diablo.

— Lo que el economista llama "inflación de costos" es un desbordamiento de codicias.

— La ciudad que imagina todo utopista es siempre cursi — comenzando por la del Apocalipsis.

— Toda sociedad finalmente estalla con la expansión de la envidia.

— "Pueblo" es la suma de los defectos del pueblo. Lo demás es elocuencia electoral.

— Los sueños del hombre no son imposibles, ni culpables; imposible y culpable es creerse el hombre capaz de colmarlos.

— La imposibilidad de encontrar soluciones nos enseña que debemos consagrarnos a ennoblecer los problemas.

— El lector verdadero se agarra al texto que lee como un náufrago a una tabla flotante.

— Todos tenemos llave de la puerta que se abre sobre la paz luminosa y noble del desierto.

— Al suprimir la noción de historia cíclica, el cristianismo no le descubrió sentido a la historia, destacó meramente la irremplazable importancia del irremplazable individuo.

— La inteligencia debe batallar sin tregua contra la esclerosis de sus hallazgos.

— El moderno se imagina que basta abrir las ventanas para curar la infección del alma, que no se necesita barrer la basura.

— No existe problema comprensible fuera de su situación histórica, ni problema reducible todo a ella.

— Toda solución política es coja; pero algunas cojean con gracia.

— Cuando la astucia comercial de los unos explota la beatería cultural de los otros, se dice que la cultura se difunde.

— El fenómeno de la degradación del pueblo en plebe es el mismo, degrádese en plebe pobre o en plebe rica.

— No todo profesor es estúpido, pero todo estúpido es profesor.

— Aun en contra del idioma intelectual de un tiempo no se puede escribir sino en él.

— La negación radical de la religión es la más dogmática de las posiciones religiosas.

— El apologista católico rara vez distingue entre lo que hay que rechazar con respeto y lo que hay que aplastar con desdén.

— Quien no juega simultáneamente sobre el tablero de la máxima generalidad y el de la máxima particularidad ignora el juego de las ideas.

— La voz de Dios no repercute hoy entre peñascos, truena en los porcentajes de las encuestas sobre opinión pública.

— El que irrita es el que pretende que a la solución que adopta se llega por un camino impersonal, el que no quiere responsabilizarse de lo que asume.

— La vulgaridad colonizó la tierra.
Sus armas han sido la televisión, la radio, la prensa.

— El ateismo democrático no disputa la existencia de Dios, sino su identidad.

— El moderno se ingenia con astucia para no presentar su teología directamente, sino mediante nociones profanas que la impliquen.
Evita anunciarle al hombre su divinidad, pero le propone metas que sólo un dios alcanzaría o bien proclama que la esencia humana tiene derechos que la suponen divina.

— La sensibilidad no proyecta una imagen sobre el objeto, sino una luz.

— Cuando el teólogo explica el porqué de algún acto de Dios, el oyente oscila entre indignación e hilaridad.

— Entender suele consistir en falsear lo aparentemente entendido reduciéndolo a términos supuestamente inteligibles porque conciertan con nuestros prejuicios del momento.

— Los gestos públicos deberían estar regulados por el más estricto formalismo para impedir esa espontaneidad fingida que tanto place al tonto.

— El placer con que recorremos la trocha que un sistema nos abre en el bosque hace olvidar que de lado y lado la selva queda intacta.

— Para entender un texto hay que girar a su alrededor lentamente, ya que nadie se introduce en él sino por invisibles poternas.

— El tonto no renuncia a un error mientras no pasa de moda.

— Aún el más tonto vive noches durante las cuales sus defensas contra la verdad se agrietan.

— Lo que nos desconcierta cura momentáneamente nuestra tontería.

— Gran artista es obviamente el que desconcierta.
Pero gran artista no es el que planea desconcertar, sino el que comienza desconcertándose a sí mismo.

— Las ciencias, particularmente las ciencias humanas, vienen depositando sucesivos estratos de barbarismos sobre la literatura.

— La trascendencia es la región inabordable hacia la cual aspiran innúmeras rectas truncadas.

— El relativismo es la solución del que es incapaz de poner las cosas en orden.

— Del XVIII el hombre del XX parece haber heredado sólo la sequedad del alma, y del XIX sólo la retórica.

— Desde que el XVIII descubrió la "sensibilidad", la tarea filosófica seria ha consistido en aislar allí capacidades específicas de percepción confundidas con estados psicológicos pasivos. Conciencia ética, conciencia estética, conciencia religiosa.

— Una época no es sus ideas, ni sus hechos, sino su fugaz acento.

— El aficionado que los profesionales admiten en el hipódromo suele ganar la carrera.

— En el último rincón del laberinto del alma gruñe un simio asustado.

— La buena pintura le corta el lirismo al crítico de arte.

— La dicha camina con los pies desnudos

Nuevos Escolios
a un Texto Implícito

Tomo II

(Selección)

— Lo que importa a casi todos no es tener razón sino tenerla ellos.

— Las razones no se mueven, pero los argumentos descienden con el tiempo de clase intelectual en clase intelectual hasta el suelo.
En los discursos se consumen argumentos podridos.

— El mayor irrespeto con la obra de arte está en tratarla como objeto costoso.
Ningún ricacho, felizmente, puede colgar un poema en las paredes de su casa.

— Lúgubre, como un proyecto de desarrollo urbano.

— A la trivialización que invade el mundo podemos oponernos resucitando a Dios por retaguardia.

— Los individuos civilizados no son productos de una civilización, sino su causa.

— Al observar quiénes obtienen lo que deseamos, nos importa menos obtenerlo.

— La importancia que le atribuye al hombre es el enigma del cristianismo.

— Lo más conmovedor de las "inquietudes intelectuales" del joven son las boberías con que las serena.

— La sociedad que no disciplina actitudes y gestos renuncia a la estética social.

— El periódico recoge la basura del día anterior para desayunarnos con ella.

— La única precaución está en rezar a tiempo.

— Desde hace dos siglos llaman "libre pensador" al que cree conclusiones sus prejuicios.

— Un pensamiento no debe expandirse simétricamente como una fórmula, sino desordenadamente como un arbusto.

— La falsa elegancia es preferible a la franca vulgaridad.
El que habita un palacio imaginario se exige más a sí mismo que el que se arrellana en una covacha.

— Al hacer un juicio de valor no invoquemos nunca autoridades.
El juicio de valor se atestigua a sí mismo. Todo argumento lo degrada.

— Sólo nosotros mismos podemos envenenar las heridas que nos hagan.

— La imparcialidad es a veces simple insensibilidad

— La buena educación parece un producto aromático del siglo XVIII que se evaporó.

— El marxista comienza a incomodarse porque ya lo miran con más curiosidad que susto.

— El alma donde esperan secretas semillas no se espanta con las lluvias que se anuncian entre rumores de tormenta.

— El poder no corrompe, libera la corrupción larvada

— Se habla de "sociedad de consumo" para ocultar — ya que la producción es ideal progresista— que se trata de sociedad de producción.

— Las fuerzas que han de arruinar una civilización colaboran desde su nacimiento con las fuerzas que la construyen.

— Las revoluciones victoriosas han sido desbordamientos de codicias. Sólo las revoluciones derrotadas suelen ser insurrecciones de oprimidos.

— La "instrucción religiosa" parece a veces inventada para contrarrestar la eficacia religiosa de la liturgia.

— La sensibilidad religiosa oprimida por la Iglesia se refugia en extravagantes catacumbas.

— El tañido de un esquilón conventual penetra en zonas del alma en donde no llega una voz campanuda.

— Tres factores han corrompido, en América, la noble reciedumbre de la lengua española: el solecismo mental de inmigrante no-hispano, la facundia pueril del negro, la melancolía huraña y sumisa del indio.

— Apetitos, codicias, pasiones, no amenazan la existencia del hombre mientras no se proclamen derechos del hombre, mientras no sean fermentos de divinidad.

— Ser de "derecho divino" limitaba al monarca; el "mandatario del pueblo" es el representante del Absolutismo absoluto.

— Al texto que dejamos reposar se le desprenden solas las palabras sobrantes.

— El pasado parece no haber dejado herederos.

— El cinismo, como toda actitud dogmática, es demasiado fácil.

— El moderno se serena pensando que "todo tiene solución". ¡Cómo si no las hubiese siniestras¡

— Para confundir sobra la ambigüedad, basta la claridad.

— La generalización inteligente debe llevar la impronta descifrable del hecho particular que la suscita.

— Hay ideas que nos llaman y se van, como un aletazo nocturno a una ventana.

— El técnico le habla al lego con petulancia de hechicero.

— La sonrisa es divina, la risa humana, la carcajada animal.

— A nada importante se llega simplemente caminando. Pero no basta saltar para cruzar el abismo, hay que tener alas.

— En política sólo vale la pena escuchar la crítica que tiene principios pero no pautas.

— La desaparición del campesinato y de las humanidades clásicas rompió la continuidad con el pasado.

— Hoy el hombre culto entiende mejor hasta un rústico doctrinal de magia que a su vecino.

— Los pecados que parecen "espléndidos" desde lejos no son más desde cerca que pequeños episodios sórdidos.

— En no ver en el crimen sino el arrojo del asesino consiste la estupidez del inmoralismo

— El político, en una democracia, se convierte en bufón del pueblo soberano.

— El hombre acaba motivado por los motivos que le dicen tener. Bestia si le dicen que su alma muere con el alma de las bestias; animal avergonzado, por lo menos, si le dicen que tiene alma inmortal.

— La izquierda llama derechista a gente situada meramente a su derecha.
El reaccionario no está a la derecha de la izquierda, sino enfrente.

— El que apela a una ciencia cualquiera para justificar sus convicciones básicas inspira desconfianza en su honradez o en su inteligencia.

— Imposible convencer al tonto de que existen placeres superiores a los que compartimos con los demás animales.

— Cuando nada merece respeto en la sociedad debemos labrarnos en la soledad nuevas lealtades silenciosas.

— El más convencido de los reaccionarios es el revolucionario arrepentido, es decir: el que ha conocido la realidad de los problemas y ha descubierto la falsedad de las soluciones.

— Lo "racional" consiste en prolongar la vida, evitar el dolor, satisfacer el hambre y el sexo.
  Sólo una definición semejante esclarece el discurso de los últimos siglos.

— Los géneros literarios nacen y decaen tan misteriosamente como los imperios.

— El periodismo es la dispensa de disciplina intelectual.

— A la lucidez de ciertos momentos la acompaña a veces la sensación de velar sólo en una ciudad dormida.

— La izquierda agrupa a quienes cobran a la sociedad el trato mezquino que les dio la naturaleza.

— La resignación no debe ser gimnasia de estoico sino dimisión en manos divinas.

— El diablo no puede hacer gran cosa sin la colaboración atolondrada de las virtudes.

— Los reaccionarios somos infortunados: las izquierdas nos roban ideas y las derechas vocabulario.

— El que se precia de "haber vividos mucho" debe callar para no demostrarnos que no ha entendido nada.

— Al que no tiene buena opinión de sí mismo hoy lo creen hipócrita.

— Las convicciones profundas se contagian en silencio.

— Sus períodos de tolerancia le sirven a la humanidad para forjarse una intolerancia nueva.

— En una democracia sólo sonríe a los demás el político en busca de votos.
Los demás no pueden darse el lujo de una mutua sonrisa: todos son rivales de todos.

— La historia es un libro de imágenes más que un repertorio de nociones.

— La Iglesia reciente no ha sabido distinguir entre las nuevas verdades que piden la reconstrucción del edificio teológico y los nuevos errores que persiguen su demolición.
La crítica neo-testamentaria, verbi gratia, y las "biografías" de Jesús.

— Izquierdistas y derechistas meramente se disputan la posesión de la sociedad industrial.
El reaccionario anhela su muerte.

— La vida del moderno se mueve entre dos polos: negocio y coito.

— La burguesía, en el marco feudal, se localiza en pequeños centros urbanos donde se estructura y se civiliza. Al romperse el marco, la burguesía se expande sobre la sociedad entera, inventa el estado nacional, la técnica racionalista, la urbe multitudinaria y anónima, la sociedad industrial, la masificación del hombre y, en fin, el proceso oscilatorio entre el despotismo de la plebe y el despotismo del experto.

— Tan imprevisibles son las consecuencias de sus actos que el hombre resulta finalmente mero espectador de la historia que hace.

— Donde todos se creen con derecho a mandar, todos acaban prefiriendo que uno solo mande.

El tirano libera a cada individuo de la tiranía del vecino.

— Los cuerpos se alojan cómodamente en los técnicos aposentos del edificio moderno, pero las almas no tienen más vivienda que las ruinas del viejo edificio.

— La abundancia de traducciones le quitó a la traducción su función de gesto selectivo.

La traducción era anticipo de posteridad; hoy es negocio editorial.

— La función didáctica del historiador está en enseñarle a toda época que el mundo no comenzó con ella.

— El que ha entendido una noción de ciencias naturales ha entendido todo lo que se puede entender; el que ha entendido una noción de ciencias humanas ha entendido sólo lo que él puede entender.

— Tal es la complejidad de todo hecho histórico que siempre podemos temer que de un bien nazca un mal y siempre esperar que de un mal nazca un bien.

— Nada pasa la belleza del amor leal, del amor que no es lealtad con el amor, sino lealtad del amor mismo.

— El alma naturalmente demócrata siente que ni sus defectos, ni sus vicios, ni sus crímenes, afectan su excelencia substancial. El reaccionario, en cambio, siente que toda corrupción fermenta en su alma.

— Quien se declara "apolítico" es partidario vergonzante de la causa vencida.

— Los conceptos no le parecen precisos sino al que tiene una experiencia meramente externa de los hechos.

— La historia relata lo acontecido por encima de cierto nivel, pero la historia acaece por debajo, en lo común, lo mediocre, lo imbécil, lo demente.

— La facilidad con la cual el capitalismo industrial construye y destruye — obedeciendo a claros preceptos de rentabilidad— transforma al hombre medio en nómada intelectual, moral y físico.
Lo permanente hoy estorba.

— Desde hace más de un siglo no existe clase alta. Apenas un sector más pretencioso de clase media.

— Distinguir es el mandato de la historia.

— Cada día resulta más fácil saber lo que debemos despreciar: lo que el moderno admira y el periodismo elogia.

— Todo acontecimiento asume su forma como resultante de todas las fuerzas que actúan donde se produce. Todo desciende indirectamente de todo.

— La interpretación de un acontecimiento dada por el paleto indoctrinado suele ser cierta. La interpretación dada por el personaje adoctrinado y semi-culto es siempre falsa.

— El reaccionario de hoy tiene una satisfacción que ignoró el de ayer: ver los programas modernos terminar no sólo en catástrofe sino también en ridículo.

— Las teologías modernas sueles ser contorsiones de teólogo para no confesarse a sí mismo su incredulidad.

— Denunciar al imbécil no significa que anhelemos abolirlo. Queremos la diversidad a cualquier precio. Pero el encanto de la variedad no debe impedirnos calificar correctamente.

— El cristiano sabe que el cristianismo cojeará hasta el final del mundo.

— La "vida" (entre comillas enfáticas) es el consuelo de los que no saben pensar.

— El corazón no se rebela contra la voluntad de Dios, sino contra los "porqués" que se atreven a atribuirle.

— La publicidad no refrena mal alguno. Multiplica, en contra, las consecuencias deletéreas de los acontecimientos.

— El que no sabe condenar sin temor no sabe apreciar sin miedo.

— Cuidémonos de irrespetar al que posee la estupidez necesaria al correcto funcionamiento de las instituciones.

— Las instituciones mueren menos por infidelidad a su principio que por exceso de su principio mismo.

— Para reconstruir la genealogía de un sistema tenemos que aprender a dosificar finamente la necesidad y la anécdota.

— El hombre soporta más fácilmente la persecución que la indiferencia.

¡Qué no ha hecho el clero moderno para atraer un poco de atención!

— Pensar contra es más difícil que actuar contra.

— Ser cristiano es no estar solo, cualquiera que sea la soledad que nos circunde.

— La soledad espanta tanto hoy día que todos prefieren el calor del conflicto.

— Creer en Dios, confiar en Cristo, mirar con malicia.

— La identificación de clase burguesa y de mentalidad burguesa engaña a los enemigos de la burguesía.

La liquidación de una clase burguesa en el mundo moderno se reduce, en efecto, a matanzas que no implican la abolición de una mentalidad burguesa imperante ya en la sociedad entera.

— El orden es el más frágil de los hechos sociales.

— Llámase solución la temporaria insensibilidad a un problema.

— O el hombre tiene derechos, o el pueblo es soberano.

La aseveración simultánea de dos tesis que se excluyen recíprocamente es lo que han llamado liberalismo.

— Los participantes de un movimiento político ignoran normalmente su fin, su motivo y su origen.

— La revolución es una posibilidad histórica permanente.

La revolución no tiene causas, sino ocasiones que aprovecha.

— Aun cuando la historia no tenga leyes el curso de
una revolución se prevé fácilmente, porque la estupidez y la demencia sí las tienen.

— Clasificar es el primer paso para comprender; por-
fiar en clasificar es el primero para confundir.

— Dudamos de la importancia de muchas virtudes
mientras no tropezamos con el vicio contrario.

— Libertad es el término que más se emplea sin saber
qué significa.

— Que el sacerdote deje a los necios las ocupaciones
necias, él que no está encargado del dudoso progreso,
sino de la inexorable agonía.

— La humanidad anhela liberarse de la pobreza, del trabajo, de la guerra, — de todo lo que pocos eluden sin envilecerse.

— Las catástrofes naturales desbastan una región menos eficazmente que la alianza de la codicia con la técnica.

— Monótono, como la obscenidad.

— Mientras no sepamos juzgar confrontando al objeto solo, sin intromisión de normas, ni consideración de consecuencias y de causas, no hemos aprendido nada.

— El izquierdista se niega obviamente a entender que las conclusiones del pensamiento burgués son los principios del pensamiento de izquierda.

— Mientras más tarda la naturaleza en vengar los delitos que contra ella se cometen, más cruel es su venganza.

— El hombre culto y el hombre simple no se interesan sino en lo que espontáneamente los atrae; el semiculto sólo tiene intereses artificiales.

El semiculto es la providencia del merchante de "cultura".

— En lugar de adquirir pulpa, espesor, sustancia, la vida se decolora, se amengua, se empobrece cuando no se cree en otra.

— ... y no nos dejes caer en la tontería de admirar cada día la admiración cotidiana.

— El momento de mayor lucidez del hombre es aquel en que duda de su duda.

— La posibilidad de venderle al público un artefacto cualquiera, en nombre del arte, es fenómeno democrático.
Las épocas democráticas, en efecto, fomentan la incertidumbre del gusto al abrogar todo modelo.
Si la obra de arte eximia es allí posible, el arte menor se muere y la extravagancia pulula.
Donde una autoridad existe, en cambio, gustar de obras extrañas no es fácil, pero el gusto es infalible tratándose de lo contemporáneo y el arte menor florece.

— Sólo lo inalcanzable merece ser deseado, sólo lo alcanzable buscado.
El que busca lo inalcanzable se enloquece, el que desea lo alcanzable se envilece.

— Civilización es la suma de represiones internas y externas impuestas a la expansión informe de un individuo o de una sociedad.

— Para poder hablar desdeñosamente del gran escritor que pasó de moda el intelectual se abstiene de leerlo.

— Aún los odios de pequeña ciudad son más civilizados que la indiferencia mutua de los grandes.

— Tratemos de definir las condiciones y las causas de la historia espiritual de una época, pero guardémonos de atribuirles la menor participación en sus aciertos.

— Las revoluciones son objeto de sociología más que de historia.
Manifestaciones de ese fondo de la naturaleza humana que nada educa, nada civiliza, nada ennoblece, las revoluciones despojan al hombre de su historia y lo retornan a los comportamientos animales.

— El escritor de izquierda nunca escribe una historia sino ejemplifica un esquema.

— El más peligroso analfabetismo no es el del que irrespeta todos los libros sino el del que los respeta todos.

— Hablar de "madurez política" de un pueblo es propio de inteligencias inmaduras.

— La izquierda ya no se atreve a proclamarse esperanza, sino a lo sumo fatalidad.

— Aun cuando sea imprevisible el acontecimiento es explicable, pero aun cuando sea explicable es imprevisible.

— Es más fácil ser misericordioso que no sentir envidia.

— El peor totalitarismo no es el estatal ni el nacional, sino el social: la sociedad como meta englobante de todas las metas.

— Razón, verdad, justicia, no suelen ser metas del hombre, sino nombres que da a sus metas.

— Si existiera un instinto religioso, en lugar de experiencia religiosa, la religión carecería de importancia.

— El reaccionario no aspira a que se retroceda, sino a que se cambie de rumbo.
El pasado que admira no es meta sino ejemplificación de sus sueños.

— La impudicia es el disolvente de la sensualidad.

— Mientras no comete la imprudencia de escribir, mucho hombre público pasa por inteligente.

— Hay que examinar cuidadosamente los tipos de apología de que el incrédulo más se mofa: pueden ser los que más lo inquietan.

— Poder entregar al adolescente que fuimos sus ambiciones incumplidas, pero sus sueños impolutos.

— El problema de la educación de los educadores es problema que el demócrata olvida en su entusiasmo por le educación de los educandos.

— El único mal que podemos odiar sin temor de herir algún bien es el que arraiga en la soberbia.

— No debemos creer en el Dios del teólogo sino cuando se parece al Dios que invoca la angustia.

— La prensa le aporta al ciudadano moderno su embrutecimiento matutino, la radio su embrutecimiento meridiano, la televisión su embrutecimiento vespertino.

— La solución que no esté lista a reír de sí misma embrutece o enloquece.

— La fábrica siniestra de argumentos en favor de la absurdidad radical del mundo vacila ante la presencia de la más leve cosa que nos colme.

— Cuando el motivo de una decisión no es económico, el moderno se asombra y se asusta.

— La religión es lo único serio, pero no hay que tomar a lo serio toda declaración del homo religiosus.

— La espiritualidad se prohíbe demasiado toda sonrisa espiritual.

— Las ideas del demócrata son más tolerables que sus modales.

— Al que vive en el mundo moderno no es en la inmortalidad del alma en lo que le es difícil creer, sino en su mera existencia.

— No pensar nunca las partes sino partiendo de su totalidad es pésima receta para actuar, pero la única que nos salva de vivir en un mundo sin sentido.

— Ni derrotas, ni desgracias, cortan el apetito de vivir. Sólo la traición lo extingue.

— El diablo reserva las tentaciones de la carne a los más cándidos; y prefiere desesperar al menos ingenuo privando las cosas de sentido.

— Sin derecho canónico la Iglesia no hubiese tenido su admirable presencia institucional en la historia.

Pero los vicios de la teología católica resultan de su propensión a tratar problemas teológicos con mentalidad de canonista.

— El hombre llama "absurdo" lo que escapa a sus clandestinas pretensiones a la omnipotencia.

— Ningún principio es convincente y toda convicción es incierta. La fe no es convicción, ni principio, sino nuda existencia.

— Al hombre vil no lo divierte sino lo que le dolería en pellejo propio.

— "Igualdad de oportunidades" no significa posibilidad para todos de ser decentes, sino derecho de todos a no serlo.

— El cristianismo es religión del que vive todo instante como el de un posible terremoto.

— La meta de la individualidad es la realización de sí misma. Reducirla a mera realización del carácter específico del hombre es fundamentalmente frustrarla.

— El alma excede al mundo, mientras que el mundo engloba a la humanidad.

La insignificancia de la humanidad hace risibles las "filosofías de la historia", mientras que el precio infinito de cada alma humana vindica la religión.

— El fracaso del progreso no ha consistido en el incumplimiento, sino en el cumplimiento, de sus promesas.

— Al que cree en la Providencia la noción de providencia nada explica, puesto que cree que todo depende de ella.

— Nada que satisfaga nuestras expectativas colma nuestras esperanzas.

— "Reino de Dios" no es el nombre cristiano de una paraíso futurista.

— Madurar es descubrir que todo objeto deseado es sólo la metáfora del objeto trascendente de nuestro deseo.

— A los enemigos del sufragio universal no deja de sorprendernos el entusiasmo que despierta la elección de un puñado de incapaces por un acervo de incompetentes.

— ¿Para qué "marcher avec son siécle" cuando no se pretende venderle nada?.

— La primera generación reaccionaria acumuló advertencias, la segunda ya sólo acumuló pronósticos, las siguientes vienen acumulando comprobantes.

— Nada más fácil que culpar la historia rusa de los pecados del marxismo.
El socialismo sigue siendo la filosofía de la culpabilidad ajena.

— El fragmento es el medio de expresión del que aprendió que el hombre vive entre fragmentos.

— La izquierda no condena la violencia mientras no la oye golpear a su puerta.

— El hombre no se comunica con otro hombre sino cuando el uno escribe en su soledad y el otro lo lee en la suya.

Las conversaciones son o diversión, o estafa, o esgrima.

— Nunca es posible resolver bien un problema, pero siempre es posible resolverlo peor.

— Las ideas. se remozan con los años y sólo las más antiguas llegan a una juventud inmortal.

— Para transformar la idea de "contrato social" en tesis eminentemente democrática se necesita el sofisma del sufragio.

Donde se suponga, en efecto, que la mayoría equivale a la totalidad, la idea de consenso se adultera en coerción totalitaria.

— Al inventarle un sentido global al mundo despojamos de sentido hasta los fragmentos que lo tiene.

— Basta un solo párrafo con sentido para tener que atribuir la incoherencia del texto a nuestra impericia.

— La inflación económica de este final de siglo es fenómeno moral. Resultado, y a la vez castigo, de la codicia igualitaria.

— Ningún pasado es ideal. Pero sólo del pasado surgen ideales que no sean linfáticos, ideales con sangre en las venas.

— Al caer el polvo que levantan los grandes acontecimientos de la historia moderna, la mediocridad de los protagonistas deja estupefacto al historiador.

— El choque contra un libro inteligente nos hace ver mil estrellas.

— Una nación no "demistifica" su pasado sin empobrecer su sustancia presente.

— La humanidad no suprime un error sin borrar simultáneamente varias verdades.

— Las épocas en que las ideas originales escasean se dedican a resucitar errores.

— El raquitismo cultural de nuestro tiempo es secuela de la cultura industrializada.

— La técnica ofrecería menos peligros si su manipuleo no le fuese tan fácil al imbécil y tan rentable al caco.

— La liberación creciente de un lado, y la reglamentación creciente del otro, colaboran de manera perfecta a la desmoralización de la sociedad.

— En toda circunstancia histórica surge siempre quien defienda en nombre de la libertad, de la humanidad o del derecho, la opinión boba.

— Quizás las prácticas religiosas no mejoren el comportamiento ético, pero mejoran indiscutiblemente los modales.

— Pronto se llega al sitio desde donde la civilización decrece con cada comodidad más.

— Si la izquierda sigue adoptando, una tras otra, las objeciones que los reaccionarios le hemos hecho al mundo moderno, tendremos que volvernos izquierdistas.

— Que nada intramundano logre colmarnos no obsta para que anhelemos un mundo menos innoble y menos feo.

En un jardín bien ordenado el alma observa con más noble calma los primeros estragos del invierno.

— Debemos acoger toda ventura, sin temor pagano ni presunción imbécil.

— Serenidad perfecta del instante en que parece que nos ligara a Dios una complicidad incomprensible.

— Para corromper al individuo basta enseñarle a llamar derechos sus anhelos personales y abusos los derechos ajenos.

— Los placeres que colman suelen ser aquellos tan humildes que no les conocemos usualmente el nombre.

— La mayoría de nuestros fracasos se debe a la propiedad de las series empíricas de no tener ni fin ni inicio ciertos.

El hombre rara vez sabe donde puede comenzar y dónde puede concluir.

— El horror del progreso sólo puede medirlo el que ha conocido un paisaje antes y después que el progreso lo transforme.

— La brevedad de la vida no angustia cuando en lugar de fijarnos metas nos fijamos rumbos.

— Aprender a morir es aprender a dejar morir los motivos de esperar sin dejar morir la esperanza.

— El norteamericano no resulta insoportable porque se crea individualmente importante, sino porque posee, en cuanto norteamericano, la solución de todo problema.

— Sin la propagación de cultos orientales y sin las invasiones germánicas la civilización helenística hubiese iniciado, desde Roma, la americanización del mundo.

— Evitemos las profecías, si no queremos vivir de mal humor con la historia.

— El gobernante democrático no puede adoptar una solución mientras no consiga el apoyo entusiasta de los que nunca entenderán el problema.

— Mientras lo que escribimos no le parezca obsoleto al moderno, inmaduro al adulto, trivial al hombre serio, tenemos que volver a empezar.

— El arte francés auténtico y la auténtica literatura francesa han vivido siempre al margen de esas "últimas modas intelectuales de París" que el extranjero tanto admira.

— La solución típicamente moderna de un problema cualquiera escandaliza siempre al que nació sensible a la calidad humana.

— En un mundo de estados soberanos toda doctrina, por universal que sea, acaba convertida en ideología más o menos oficial de uno de ellos.

— Las grandes ferias industriales son el muestrario de todo lo que la civilización no requiere.

— No sólo el intelecto, en algunos el alma misma rebuzna.

— La peor retórica se cultiva en las naciones democráticas, donde todo formalismo tiene que fingirse actitud espontánea y sincera.

La retórica monárquica es un formalismo reconocido y confeso, como la etiqueta.

— La tierra no será nunca un paraíso, pero quizás se pudiera evitar que siga aproximándose a una imitación cursi del infierno.

— Una reseña de literatura contemporánea nunca permite saber si el crítico cree vivir en medio de genios o si prefiere no tener enemigos.

— El hombre no hace las peores cosas mientras no afirma que su conciencia lo obliga a hacerlas.

— El capitalismo es deformación monstruosa de la propiedad privada por la democracia liberal.

— El Occidente marchita toda alma no-occidental que lo toca.

— La polución conceptual del mundo por la mentalidad moderna es más grave que la del medio por la industria contemporánea.

— La poesía rescata las cosas al reconciliar en la metáfora la materia con el espíritu.

— La familiaridad, con personas u objetos, es lo único que no cansa.

— Todo grito de soberbia humana acaba en grito de angustia.

— El que inventa una nueva máquina le inventa a la humanidad un nuevo encadenamiento de nuevas servidumbres.

— Los mecanismos de la sociedad moderna fomentan las virtudes fastidiosas y castigan los vicios simpáticos.

— Un sentimiento no es sincero si sus manifestaciones no engañan al psicólogo profesional.

— El anonimato de la sociedad moderna obliga a todo el mundo a pretenderse importante.

— La serenidad es el estado de ánimo del que encargó a Dios, una vez por todas, de todas las cosas.

— La vida es deliciosa en los instantes en que se deja pensar o soñar.

— Escuchar al prójimo es una de las más penosas obras de misericordia.

— La crítica moderna usualmente le acredita al autor su extracción modesta como mérito literario.

— El rico no se desconcierta sino ante quien no lo envidia.

— La esclerosis senil de la inteligencia no consiste en la incapacidad de cambiar ideas, sino en la incapacidad de cambiar de nivel a las que tenemos.

— Para convivir pacíficamente con el prójimo nada mejor que no tener ni in solo postulado común.

— Acusar el aforismo de no expresar sino parte de la verdad equivale a suponer que el discurso prolijo puede expresarla toda.

— Muy pocos se comportan con la discreción adecuada a su insignificancia.

— Las ciencias tienden a burocratizarse como todo.

— Sus acomodaciones a la práctica no dejan de las teorías políticas sino un simple recuerdo.

— Las más graves dolencias de la sociedad suelen provenir de la imprudencia con que se receta.

— El rico, en la sociedad capitalista, no sabe usar del dinero para lo que mejor sirve: para no tener que pensar en él.

— Ser reaccionario es comprender que el hombre es un problema sin solución humana.

— La alusión es la única manera de expresar lo íntimo sin adulterarlo.

— Donde las costumbres y las leyes les permiten a todos aspirar a todo, todos viven frustrados cualquiera que sea el sitio que lleguen a ocupar.

— Noble es la sociedad que no espera para disciplinarse que la disciplinen las catástrofes.

— Aún los menos tontos suelen ignorar las condiciones de lo que anhelan y las consecuencias de lo que admiten.

— La originalidad no es algo que se busque, sino algo que se encuentra.

— A la celebridades de nuestro tiempo las impregna el olor de los laboratorios publicitarios donde las fabrican.

— El alma se reseca viviendo en un mundo casi exclusivamente manufacturado.

— Nunca respira bien entre edificios el que recuerda los olores de la hierba hollada por sus pies desnudos.

— Nunca me volvió a importar en donde vivir, desde que vi morir los amplios caserones y cubrirse de inmundicia industrial y humana los anchos campos solitarios de mi infancia.

— No es a realizar sus sueños a lo que se puede esforzar el hombre sino a parecer digno de que se realicen.

— Quien pretenda montar guardia en los desfiladeros de su alma debe aprender a morar entre roquedos.

— Las generaciones recientes son particularmente aburridas: creyendo en efecto haber inventado la violencia y el sexo copulan doctrinariamente y doctrinariamente matan.

— Adoctrinar técnicos es notoriamente fácil.

El técnico, en efecto, le atribuye a todo dictamen enfático la misma autoridad que a las recetas que aplica.

— Donde imprudentemente toleremos aglomeraciones, orden y tiranía acaban desgraciadamente coincidiendo.

— La inteligencia es el único arte que puede sobrevivir en cualquier clima histórico.

— La fealdad del mundo moderno ha necesitado una labor titánica.

— El tonto pierde sus esperanzas, nunca sus ilusiones.

— Tener buen gusto es ante todo saber qué debemos rechazar.

— El ruido moderno ensordece el alma.

— Entre los vicios de la democracia hay que contar la imposibilidad de que alguien ocupe allí un puesto importante que no ambicione.

— Ángeles y demonios se llevan ambos un chasco ante el lecho mortuorio de un agonizante bien moderno: apenas encuentran huellas de alma desde hace años evaporada.

— El periodista se arroga la importancia de lo que informa.

— Canónigo obscurantista del viejo capitulo metropolitano de Santa Fe, agria beata bogotana, rudo hacendado sabanero, somos de la misma ralea. Con mis actuales compatriotas sólo comparto pasaporte.

— El único progreso posible es el progreso interno de cada individuo. Proceso que termina con el fin de cada vida.

— Al divorciarse religión y estética no se sabe cuál se corrompe más pronto.

— Dada la rápida obsolescencia de todo en nuestra época, el hombre vive hoy en un tiempo psicológicamente más breve.

— Mientras se le conserve el nombre a un partido se le pueden cambiar los programas.

— El invento se inventa una vez por todas. La idea tiene que ser reinventada cada vez.

— El que no esté listo a preferir la derrota en determinadas circunstancias comete tarde o temprano los crímenes que denuncia.

— El que derrota una causa noble es el verdadero derrotado.

— El error puede ganar, pero no vencer.

— Todo peso pronto nos agobia, si no tenemos a Jesús de cireneo.

— Nuestra propia cruz nos pesa menos que la que no podemos ayudar a llevar al que amamos.

— Nuestros interlocutores cotidianos y nuestros autores favoritos no pueden pertenecer a la misma especia zoológica.

— Cada nueva generación, en este siglo, entra gritando que tiene algo nuevo que hacer y sale diciendo que sólo tiene algo nuevo que lamentar.

— El que atiborra de modismos su texto fabrica folclorismo lingüístico para turistas literarios.

— A quien haya que definirle ciertos términos hay que hablarle de otra cosa.

— Más que un viento de traición, sobre el clero moderno sopla un huracán de estupidez.

— La inteligencia aísla; la estupidez congrega.

— La capacidad de absorber pornografía es el rasgo distintivo del imbécil.

— El poeta moderno es labriego que siembra con desaliento una parcela de tierra erosionada.

— Para huir de esta cárcel, hay que aprender a no pactar con sus indiscutibles comodidades,

— Las piruetas del teólogo moderno no le han granjeado ni una conversión más, ni una apostasía menos.

— Lo que nos enclaustra nos ofrece la posibilidad de ennoblecernos.
Aun cuando sea un simple aguacero.

— El pueblo nunca elige.
Cuando mucho, ratifica.

— El hombre les debe con frecuencia a sus defectos los fracasos que evita.

— El conservatismo no debe ser partido sino actitud normal de todo hombre decente.

— Para ganar una apuesta, en nuestro tiempo, hay que apostar por los individuos o las causas que uno quisiera ver perder.

— Las únicas sociedades más odiosas que las que enrabian al joven rebelde son las que ayuda inocentemente a construir.

— El comportamiento estéticamente satisfactorio es el ético.

— Dialogar con el imbécil es escabroso: nunca sabemos dónde lo herimos, cuándo lo escandalizamos, cómo lo complacemos.

— No es a ampliar nuestra ciencia a lo que podemos aspirar, sino a documentar nuestra ignorancia.

— La evolución de las obras de arte en objetos de arte y de los objetos de arte en bienes de inversión o en artículos de consumo es fenómeno moderno. Proceso que no patentiza una difusión de lo estético, sino la culminación del economismo contemporáneo.

— Comprender es finalmente hacer coincidir hecho tras hecho con nuestro propio misterio.

— En las agrupaciones humanas sólo se suman los defectos de los que se agrupan.

— Los museos son el castigo del turista.

— Después de cierta edad no debemos mirarnos los unos a los otros sino a media luz.

— El peor irresponsable es el que asume cualquier responsabilidad sin ser constreñido.

— La impertinente tentativa de justificar "the ways of God to man" transforma a Dios en un pedagogo consternado que inventa trucos didácticos, a la vez crueles y pueriles.

— La verdad reside en la zona indecisa donde principios opuestos se entrecruzan y se corrigen recíprocamente.

— Los países de literatura indigente tienen historia desabrida.

— Hay que vivir para el instante y para la eternidad. No para la deslealtad del tiempo.

— El progresista asustado no tiene compasión ni mesura.

— La indemostrabilidad de los valores le hace parecer atrevidas al que no los ve las opiniones obvias.

— Un fichero nutrido, una biblioteca imponente, una universidad seria, producen hoy esos aludes de libros que no contienen ni un error, ni un acierto.

— Pocos reparan en la única diversión que no hastía: tratar de ser año tras año un poco menos ignorante, un poco menos bruto, un poco menos vil.

— Tan repugnante es el aspecto del mundo moderno que los imperativos éticos se nos van volviendo evidencias en indicativo.

— Tan monótona es la estupidez humana que ni siquiera una larga experiencia enriquece nuestra colección de estupideces.

— Al hombre se le pueden conceder toda clase de libertades, menos la de vestirse y de edificar a su gusto.

— Resulta imposible convencer al hombre de negocios de que una actividad rentable pueda ser inmoral.

— El ser que uno se encuentra ser nos es también finalmente un ser extraño.

— Sólo Dios y el punto central de mi conciencia no me son adventicios.

— Cada gesto de soberbia ciega una fuente.

— De una idea política sólo se inscriben en la historia las deformaciones a que la someten las circunstancias en que actúa.

— Nada le parece más obsoleto a la humanidad durante sus borracheras que las verdades que confiesa nuevamente cuando recobra el juicio.

— El izquierdismo congénito es enfermedad que se cura en clima comunista.

— El socialismo se vale de la codicia y la miseria; el capitalismo se vale de la codicia y de los vicios.

— En el mundo moderno no se enfrentan ideas contrarias sino meros candidatos a la posesión de los mismos bienes.

— Para escandalizar a cualquiera basta hoy proponerle que renuncie a algo.

— El hombre posee ya poder suficiente para que no haya catástrofe inverosímil.

— La historia muestra que los aciertos del hombre son casuales y sus desaciertos metódicos.

— Las palabras no descifran el misterio, pero lo iluminan.

— Evitar la repetición de una palabra es el precepto de retórica predilecto del que no sabe escribir.

— Al hallarse perfectamente libre el individuo descubre que no ha sido desembarazado de todo, sino despojado.

— A la mayoría de las personas no les debemos pedir que sean sinceras, sino mudas.

— Que la historia de la Iglesia contenga capítulos siniestros y capítulos imbéciles es evidente, pero no es ensalzando el mundo moderno como un catolicismo viril debe hacer su confesión penitente.

— Los hombres se dividen en muchos altruistas, ocupados en corregir a los demás, y pocos egoístas, ocupados en adecentarse a sí mismos.

— El tonto no le concede superioridad sino al que exhibe refinamientos bobos.

— La lealtad a una doctrina acaba en adhesión a la interpretación que le damos.

Sólo la lealtad a una persona nos libera de toda complacencia con nosotros mismos.

— La evolución del dogma cristiano es menos evidente que la de su teología.

Los católicos de poca teología creemos, finalmente, lo mismo que el primer esclavo convertido en Efeso o Corinto.

— A la fe cristiana en los últimos siglos le ha faltado inteligencia y a la inteligencia cristiana le ha faltado fe.

O no ha sabido atreverse, o a temido hacerlo.

— Las auténticas recompensas tienen el privilegio de no ser codiciadas sino por diminutas minorías.

— Las civilizaciones entran en agonía cuando olvidan que no existe meramente una actividad estética, sino también una estética de la actividad.

— Bien y belleza no se excluyen mutuamente sino donde el bien sirve de pretexto a la envidia y la belleza a la lujuria.

— Conformismo y anticonformismo son expresiones simétricas de la falta de originalidad.

— El público no comienza a acoger una idea sino cuando los contemporáneos inteligentes comienzan a abandonarla.
Al vulgo no llega sino la luz de estrellas extintas.

— La juventud prolongada — permitida por la actual prosperidad de la sociedad industrial— redunda meramente en un número creciente de adultos puerilizados.

— La ausencia de jerarquías legales facilita el ascenso de los menos escrupulosos.

— El predominio de las ciencias humanas le oculta cada vez más a la historiografía contemporánea la diferencia entre las épocas.

— Este siglo ha logrado convertir el sexo en práctica trivial y tema tedioso.

— A cierto nivel profundo toda acusación que nos hagan acierta.

— La indignación moral no es bien sincera mientras no termina literalmente en vómito.

— El alma se llena de malezas si la inteligencia no la recorre diariamente como un jardinero acucioso.

— Las barreras frecuentes que nos opone la vida no son obstáculos para derribar, son amonestaciones silenciosas que nos desvían hacia la certera senda.

— En toda ovación hay claque.

— Al arte de este final de siglo le vuelve uno pronto la espalda no porque espante con el escándalo de lo insólito, sino porque agobia con el tedio de lo ya visto.

— La "mentalidad de propietario", tan vituperada por el moderno, se ha trocado en mentalidad de usufructuario que explota ávidamente personas, obras, cosas, sin pudor, sin piedad, sin vergüenza.

— El gobierno de estas ínsulas americanas fue asumido desde la Independencia por los descendientes mestizos de Ginés de Pasamonte.

— Lo nefasto no son las grandes ambiciones, sino la pululación de ambiciones mezquinas.

— En materia política son pocos los que aún solos no argumentan a nivel de reunión pública.

— Si el tiempo, subjetivamente, nos hace cambiar de gusto, también hace, objetivamente, que las cosas cambien de sabor.

— La curva del conocimiento del hombre por sí mismo asciende hasta el XVII, declina paulatinamente después, en este siglo finalmente se desploma.

— El único patrimonio certero al cabo de unos años es el acopio de estupideces que la casualidad nos impidió cometer.

— Periodista es aquel a quien basta, para hablar de un libro, conocer del tema del libro únicamente lo que dice el libro de que habla.

— Cambiar repetidamente de pensamiento no es evolucionar. Evolucionar es desarrollar la infinitud de un mismo pensamiento.

— Desagradecimiento, deslealtad, resentimiento, rencor, definen el alma plebeya en toda época y caracterizan este siglo.

— El hombre rara vez entiende que no hay cosas duraderas, pero que hay cosas inmortales.

— Las aristocracias son orgullosas, pero la insolencia es fenómeno plutocrático.

El plutócrata cree que todo se vende; el aristócrata sabe que la lealtad no se compra.

— El uso descriptivo de anécdotas sociales tiene más exactitud caracterológica que los porcentajes estadísticos.

— A los que infieren de la utilidad social de los mitos la utilidad social de la mentira debemos recordar que los mitos son útiles gracias a las verdades que expresan.

— La historia muestra dos tipos de anarquía: la que emana de una pluralidad de fuerzas y la que deriva de una pluralidad de debilidades.

— Los politólogos analizan sabiamente los gaznidos, gañidos, gruñidos, de los animales embarcados, mientras los remolinos empujan silenciosamente el barco hacia una u otra orilla.

— La humanidad no es ingobernable: acontece meramente que rara vez gobierna quien merezca gobernar.

— De sólo mirar el rostro del hombre moderno se deduce lo aberrante de atribuir importe ético a sus comportamiento sexual.

— En una inteligencia ardiente los materiales no se funden en nueva aleación, se integran en nuevo elemento.

— La perversidad despierta siempre la secreta admiración del imbécil.

— Disciplina, orden, jerarquía, son valores estéticos.

— La dificultad creciente de reclutar sacerdotes debe avergonzar a la humanidad, no inquietar a la Iglesia.

— Las grandes estupideces no vienen del pueblo. Primero han seducido a hombres inteligentes.

— El hombre sólo puede ser "faber" de su infortunio.

— El acercamiento a la religión por medio del arte no es capricho de esteta: la experiencia estética tiende espontáneamente a prolongarse en premonición de experiencia religiosa.
De la experiencia estética se regresa como del atisbo de huellas numinosas.

— En la sociedad jerárquica la fuerza de la imaginación se disciplina y no desorbita al individuo como en la sociedad democrática.

— En todo individuo duerme el germen de los vicios y apenas el eco de las virtudes.

— Es mediante la inteligencia cómo la gracia nos rescata de las peores ignominias.

— Cultivado no es el hombre que ha disciplinado su inteligencia meramente, sino el que disciplina también los movimientos de su alma y hasta los gestos de sus manos.

— Mientras no lo tomen en serio, el que dice la verdad puede vivir un tiempo en una democracia.
. Después, la cicuta.

— El que quiera evitarse colapsos grotescos no debe buscar nada que lo colme en el espacio y en el tiempo.

— El moderno nunca está ni moral ni intelectualmente preparado a resbalarse y a caerse con la mayor dignidad posible.

— Si la dignidad no basta para recomendar el pudor, la vanidad debería bastar.

— A la humanidad no le concede ciertas libertades extremas sino el indiferente a su destino.

— La separación de la Iglesia y del Estado puede convenir a la Iglesia, pero le es funesta al Estado porque lo entrega al maquiavelismo puro.

— Sólo manos eclesiásticas supieron, durante unos siglos, pulir el comportamiento y el alma.

— El mal no triunfa donde el bien no se ha vuelto soso.

— El acuerdo es finalmente posible entre hombres inteligentes, porque la inteligencia es convicción que comparten.

— El rumor de lo cotidiano no exaspera sino al tonto que duermen el individuo.

— Erotismo y gnosticismo son recursos del individuo contra el anonimato de la sociedad multitudinaria.

— El hombre esconde bajo el nombre de libertad su hambre de soberanía.

— La historia permite comprender, pero no exige absolver.

— El estudio psicológico de las conversiones sólo produce flores de retórica.
Las sendas de Dios son secretas.

— Restaurar un viejo gesto litúrgico en un contexto nuevo puede frisar la herejía.
La comunión de pie hoy en día, por ejemplo, resulta gesto de soberbia.

— La verdadera lectura es evasión.
La otra es oficio.

— Para escribir honestamente para los demás hay que escribir primordialmente para sí mismo.

— Ciertos traumatismos del alma de un pueblo parecen el único carácter adquirido que se hereda.

— El resorte secreto de la técnica parece ser la intención de volver insípidas las cosas.

La flor sin perfume es su emblema.

— El que sabe preferir no excluye.

Ordena.

— La frase debe blandir las alas como halcón cautivo.

— El hombre persigue el deseo y sólo captura la nostalgia.

— Lo difícil no es desnudarse, sino caminar sin regodearse de andar desnudo.

— La soledad que hiela no es la carente de vecinos, sino la desertada por Dios.

— Los años no nos despluman de ilusiones sino de tonterías.

—A la ciencia se le podría objetar la facilidad con que cae en manos de imbéciles, si el caso de la religión no fuese igualmente grave.

—Los placeres abundan mientras no les confundimos los rangos.

—Las palabras llegan un día a manos del escritor paciente como bandadas de palomas.

—Cultivarse es aprender que cierta clase de preguntas carecen de sentido.

—Los que nos confiesan dudar de la inmortalidad del alma parecen creer que tenemos interés en que su alma sea inmortal.

—La sencillez con que los simples se resignan avergüenza nuestras petulancias.

—No pudiendo explicar esa conciencia que la crea, la ciencia, cuando termine de explicar todo, no habrá explicado nada.

— Las revoluciones se hacen para cambiar la tenencia de los bienes y la nomenclatura de las calles.

El revolucionario que pretende cambiar la "condición del hombre" acaba fusilado como contra-revolucionario.

— El "lector común" escasea tanto como el sentido común.

— El hombre paga el poder que adquiere sobre el mundo entregando el sentido de las cosas.

Para hacer la teoría del viento hay que renunciar al misterio de un torbellino de hojas secas.

— Ética y estética divorciadas se someten cada una más fácilmente a los caprichos del hombre.

— Cada nueva conquista del hombre es la nueva plaga que castiga su soberbia.

— El infierno es el sitio donde el hombre halla realizados todos sus proyectos.

— Las imbecilidades se propagan con la velocidad de la luz.

— La mayoría de las cosas que el hombre "necesita" no le son necesarias.

— La liberación que promete todo invento acaba en sometimiento creciente del que lo adopta al que lo fabrica.

— A la humanidad no le curan los males sino las catástrofes que la diezman.
El hombre nunca ha sabido renunciar oportunamente.

— A pesar de lo que hoy se enseña, el coito fácil no resuelve todos los problemas.

— En la sociedad que se esboza, ni la colaboración entusiasta del sodomita y la lesbiana nos salvarán del tedio.

— Sólo las humillaciones le entreabren a veces a la humanidad las puertas de la sabiduría.

— Lo constante en toda empresa tecnológica es su curva de éxito: rápido ascenso inicial, horizontalidad subsiguiente, descenso paulatino hasta insospechadas profundidades de fracaso.

— En estética también sólo se llega al cielo por el camino áspero y la puerta estrecha.

— Los partidos políticos, en las democracias, tienen la función de enrolar a los ciudadanos para que la clase política los maneje a su antojo.

— Humanizar nuevamente a la humanidad no será tarea fácil después de esta larga borrachera de divinidad.

— La historia cobra caro la destrucción de uno de sus raros aciertos.

— Letras y artes pronto se esterilizan donde practicarlas enriquece y admirarlas prestigia.

— La acción civilizadora de las obras de arte se debe menos al valor estético que a la ética del trabajo estético.

— Aprecio el andar pedestre de cierto poesía, pero prefiero el duro ritmo de donde se levanta el canto.

— Sólo el bien y la belleza no requieren límites. Nada es demasiado bello o demasiado bueno.

— El pensamiento religioso no progresa, como el pensamiento científico, sino profundiza.

— El alma humana no se purifica sino en los remansos donde se decanta.

— El orgullo justificado se acompaña de humildad profunda.

— El mundo no anda tan mal teniendo en cuenta a quienes lo gobiernan.

— El exceso de leyes desviriliza.

— País sobrepoblado es aquel donde todo ciudadano es prácticamente anónimo.

— El ritualismo es el protector discreto de la espiritualidad.

— Una nube de incienso vale mil sermones.

— Racionalizar el dogma, ablandar la moral, simplificar el rito, no facilitan el acercamiento del incrédulo sino el acercamiento al incrédulo.

— La gente nace cada día más apta a encajar perfectamente en estadísticas.

— El discurso continuo tiende a ocultar las roturas del ser. El fragmento es expresión del pensamiento honrado.

— El cristianismo completa el paganismo agregando al temor a lo divino la confianza en Dios.

— Nada más ominoso que el entusiasmo del siglo XIX por la "unidad", la "solidaridad", la "unanimidad", de la especie humana.
Esbozos sentimentales del totalitarismo contemporáneo.

— Problema que no sea económico no parece digno, en nuestro tiempo, de ocupar a un ciudadano serio.

— La gente admira al que no se queja de sus males, porque la exime del deber de compadecerlo.

— En las épocas de plena libertad la indiferencia a la verdad crece tanto que nadie se toma el trabajo de conformar una verdad o de refutarla.

— Hay que apreciar los lugares comunes y despreciar los lugares de moda.

— Solemos compartir con nuestros predecesores más opiniones que caminos de llegar a ellas.

— Toda inteligencia llega a un punto donde cree que camina sin avanzar un paso.

— Lo contrario de lo absurdo no es la razón sino la dicha.

— La decadencia vuelve amables muchas cosas.

— Los períodos de estabilidad política son períodos de estabilidad religiosa.

— El hombre recobra en la soledad aliento para vivir.

— La humanidad no oye con júbilo sino las invitaciones catastróficas.

— La madurez consiste en caminar por vías trilladas con paso inconfundible.

— Lo que deja de pensarse cualitativamente para pensarse cuantitativamente deja de pensarse significativamente.

— Una idea extravagante se vuelve ridícula cuando varios la comparten.
O se camina con todos, o se camina solo.
Nunca debe caminarse en grupo.

— Detrás de la "voluntad de todos" se asoma la "voluntad general".

"Voluntad" que no es volición, en realidad, sino programa. Programa de un partido.

— Al despojarse de la túnica cristiana y de la toga clásica, no queda del europeo sino un bárbaro pálido.

— Las dos más insufribles retóricas son la retórica religiosa y la retórica de la crítica de arte.

— Las concesiones al adversario llenan de admiración al imbécil.

— La única pretensión que tengo es la de no haber escrito un libro lineal, sino un libro concéntrico.

SUCESIVOS ESCOLIOS
A UN TEXTO IMPLÍCITO

(SELECCIÓN)

— Las verdades no se contradicen sino cuando se desordenan.

— Las imposibilidades estéticas de una época no provienen de factores sociales, sino de censores internos.

— El demócrata cambia de método en las ciencias humanas cuando alguna conclusión lo incomoda.

— La mente del marxista se fosiliza con el tiempo; la del izquierdista se vuelve esponjosa y blanda.

— En materia importante no se puede demostrar, sino mostrar.

— La distinción entre uso científico y uso emotivo del lenguaje no es científica sino emotiva.

Se utiliza para desacreditar tesis que incomodan al moderno.

— El escritor moderno olvida que tan sólo la alusión a los gestos del amor capta su esencia.

— El enemigo de una civilización es menos el adversario externo que el interno desgaste.

— Los errores políticos que más obviamente podrían evitarse son los que más frecuentemente se cometen.

— En reiterar los viejos lugares comunes consiste la tarea propiamente civilizadora.

— La verosimilitud es la tentación en que más fácilmente cae el historiador aficionado.

— La soledad nos enseña a ser intelectualmente más honestos, pero nos induce a ser intelectualmente menos corteses.

— Se acostumbra pregonar derechos para poder violar deberes.

— La diferencia entre "orgánico" y "mecánico", en los hechos sociales es moral: lo "orgánico" resulta de innúmeros actos humildes; lo "mecánico" resulta de un acto decisorio de soberbia.

— La idea peligrosa no es la falsa, sino la parcialmente correcta.

— El escritor que no se empeña en convencernos·nos hace perder menos tiempo, y a veces nos convence.

— La relatividad del gusto es disculpa que adoptan las épocas que lo tienen malo.

— No siempre distinguimos lo que hiere nuestra delicadeza de lo que irrita nuestra envidia.

— Cuando el clima intelectual donde algo acontece carece de originalidad, el acontecimiento sólo tiene interés para los que concierne físicamente.

— La historia parece reducirse a dos períodos alternos: súbita experiencia religiosa que propaga un tipo humano nuevo; lento proceso de desmantelamiento del tipo.

— El moderno no tiene vida interior: apenas conflictos internos.

— Donde no hay huellas de vieja caridad cristiana, hasta la más pura cortesía tiene algo frío, hipócrita, duro.

— No les demos a las opiniones estúpidas el placer de escandalizarnos.

— Los reaccionarios les procuramos a los bobos el placer de sentirse atrevidos pensadores de vanguardia.

— El derrotado no debe consolarse con las posibles retaliaciones de la historia, sino con la nuda excelencia de su causa.

— Cuando apuntamos alto no hay publico capaz de saber si acertamos.

— La historia de los géneros literarios admite explicaciones sociológicas.
La historia de las obras no las admite.

— La única superioridad que no peligra encontrar una superioridad nueva que la eclipse es la del estilo.

— La decisión que no sea un poco demente no merece respeto.

— Lo difícil no es creer o dudar — en cualquier campo— sino medir la proporción exacta de nuestra auténtica fe o de nuestra auténtica duda.

— Nada que se pueda sumar tiene fin que colme.
Lo importante es inconmensurable plenitud.

— Quien viva largos años asiste a la derrota de su causa.

— Los factores habituales de la historia no bastan para explicar la aparición de nuevas mentalidades colectivas.
Conviene introducir en historia la noción misteriosa de mutación.

— A hacer lo que vale sólo debemos invitar en vista de que lo vale.
El bien por el bien, la verdad por la verdad, el arte por el arte.

— Para renovar no es necesario contradecir, basta profundizar.

— El liberal se equivoca siempre porque no distingue entre la consecuencias que atribuye a sus propósitos y las consecuencias que sus propósitos efectivamente encierran.

— "Pertenecer a una generación", más que necesidad, es decisión que toman mentes gregarias.

— Pretender que el cristianismo no haga exigencias absurdas es pedirle que renuncie a las exigencias que conmueven nuestro corazón.

— Abundan los que se creen enemigos de Dios y sólo alcanzan a serlo del sacristán.

— El hombre común vive entre fantasmas, tan sólo el solitario circula entre realidades.

— Reemplazar la percepción sensorial concreta del objeto por su construcción intelectual abstracta le hace ganar el mundo al hombre y perder el alma.

— Sólo lo inesperado satisface plenamente.

— La ley es el método más fácil de ejercer la tiranía.

— Los textos reaccionarios les perecen obsoletos a los contemporáneos y de una actualidad sorprendente a la posteridad.

— Cada una de las sucesivas ortodoxias de una ciencia le parecen verdad definitiva al discípulo.

— Todo lo físicamente posible le parece pronto al moderno plausible moralmente.

— El buen libro de ayer no le parece malo sino al ignorante; en cambio, el libro mediocre de hoy puede parecerle bueno hasta a un hombre culto.

— Toda metafísica tiene que trabajar con metáforas, y casi todas acaban trabajando sólo sobre metáforas.

— Las épocas de liberación sexual reducen a unos pocos gritos espasmódicos las ricas modulaciones de la sensualidad humana.

— La existencia de la obra de arte demuestra que el mundo tiene significado.
Aun cuando no diga cuál.

— Sólo la contemplación de lo inmediato nos salva del tedio en este incomprensible universo.

— El peso de este mundo sólo se puede soportar postrado de hinojos.

— Los filósofos suelen influir más con lo que parecen haber dicho que con lo que en verdad dijeron.

— Las soluciones en filosofía son el disfraz de nuevos problemas.

— El sentido común es casa paterna a la cual la filosofía regresa, cíclicamente, desmirriada y flaca.

— Nada patentiza tanto los límites de la ciencia como las opiniones del científico sobre cualquier tema que no sea estrictamente de su profesión.

— El hombre actual no admira sino los textos histéricos.

— El hombre compensa la solidez de los edificios que levanta con la fragilidad de los cimientos sobre los cuales los construye.

— Pensamiento valiente y atrevido es el que no rehuye el lugar común.

— No es donde las alusiones mitológicas ccsan donde la huella griega se borra, es donde los límites de lo humano se olvidan.

— Para detestar las revoluciones el hombre inteligente no espera que comiencen las matanzas.

— El prójimo nos irrita porque nos parece parodia de nuestros defectos.

— Una sociedad comunista se paraliza pronto intelectualmente en un terrorismo recíproco.

— Indicios de civilización sólo son la claridad, la lucidez, el orden, los buenos modales, de la prosa cotidiana.

— El moderno ignora la positividad del silencio.
Ignora que son muchas las cosas de las cuales no se puede hablar sin deformarlas automáticamente.

— Toda clasificación estricta de un hecho histórico lo adultera.

— La atomización de la sociedad deriva de la organización moderna del trabajo: donde nadie sabe concretamente para quien trabaja, ni quién concretamente trabaja para él.

— Clásico castellano significa, salvo excepciones, libro ilegible.

— Lo más notorio en toda empresa moderna es la discrepancia entre la inmensidad y la complicación del aparato técnico y la insignificancia del producto final.

— Cuando termine su "ascenso", la humanidad encontrará al tedio esperándola sentado en la más alta cima.

— El subjetivismo es la garantía que el hombre se inventa cuando deja de creer en Dios.

— La permanente posibilidad de iniciar series causales es lo que llamamos persona.

— El libro que no escandalice un poco al experto no tiene razón de existir.

— Los dos polos son el individuo y Dios: los dos antagonistas son Dios y el Hombre.

— La mayoría de las civilizaciones no han legado más que un estrato de detritos entre dos estratos de cenizas.

— No confundamos el estrato específico del misterio con el estrato de lo inexplicable.
Que puede ser meramente el de lo inexplicado.

— Sin previa carrera de historiador no debiera ser lícito especializarse en ciencias humanas.

— Del gran filósofo sólo sobreviven los aciertos: del filósofo subalterno sólo sobrenadan los errores.

— Las únicas metas que se les han ocurrido a los filósofos fijarle a la historia humana son todas tediosas o siniestras.

— La libertad embriaga al hombre como símbolo de independencia de Dios.

— Si la coyuntura no lo constriñe, no hay judío radicalmente de izquierda.

El pueblo que descubrió el absolutismo divino no pacta con el absolutismo del hombre.

— No es la vaga noción de "servicio" lo que merece respeto, sino la concreta noción de "servidor".

— Hay algo definitivamente vil en el que no admite sino iguales, en el que no se busca afanosamente superiores.

— Aun cuando no pueda ser acto de la razón la opción debe ser acto de la inteligencia

No hay opciones constrictivamente demostrables, pero hay opciones estúpidas.

— Donde desaparece hasta el vestigio de nexos feudales, la creciente soledad social del individuo y su creciente desamparo lo funden pronto en masa totalitaria.

— Las tesis que el marxista "refuta» resucitan intactas a su espalda.

— Las "libertades" son recintos sociales en los cuales el individuo se puede mover sin coacción alguna; la "Libertad", en cambio, es principio metafísico en nombre del cual una secta pretende imponer a los demás sus ideales de conducta.

— Cuando el tirano es la ley anónima, el moderno se cree libre.

— Pocas ideas no palidecen ante una mirada fija.

— Una mayor capacidad de matar es el criterio de "progreso" entre dos pueblos o dos épocas.

— Criticar un presente en nombre de un pasado puede ser vano, pero haberlo criticado en nombre de un futuro suele resultar ridículo cuando ese futuro llega.

— El mundo se llena de contradicciones cuando olvidamos que las cosas tiene rango.

— El "arte moderno" parece aún vivo porque no ha sido reemplazado, no porque no haya muerto.

— La raíz del pensamiento reaccionario no es la desconfianza en la razón sino la desconfianza en la voluntad.

— Hasta fines del XVIII, lo que el hombre agregaba a la naturaleza acrecentaba su hermosura
Lo que agrega desde entonces la destruye.

— Nada podemos edificar sobre la bondad del hombre, pero sólo podemos edificar con ella.

— Después de resolver un problema, la humanidad se imagina hallar en soluciones análogas la clave de todos.
Toda solución auténtica arrastra un cortejo de soluciones grotescas.

— Sobre la naturaleza de las cosas sólo el vencido llega a poseer ideas sanas.

— El buen gusto aprendido resulta de peor gusto que el mal gusto espontáneo.

— Entre el escepticismo y la fe hay ciertas connivencias: ambos minan la presunción humana.

— Frente a las diversas "culturas" hay dos actitudes simétricamente erróneas: no admitir sino un solo patrón cultural: conceder a todos los patrones idéntico rango. Ni el imperialismo petulante del historiador europeo de ayer; ni el relativismo vergonzante del actual.

— La tentación del eclesiástico es la de transportar las aguas de la religión en el cedazo de la teología.

— Basta contraponerla a un error nuevo para que la verdad envejecida recobre su frescura.

— La historia exhibe demasiados cadáveres inútiles para que sea posible atribuirle finalidad alguna.

— Sin talento literario el historiador falsifica inevitablemente la historia.

— Hay ignorancias que enriquecen la mente y conocimientos que la empobrecen.

— La máquina moderna es más compleja cada día, y el hombre moderno cada día más elemental.

— Reivindicaciones económicas, hostilidad entre clases sociales, discrepancias religiosas, suelen ser meros pretextos de un apetito instintivo de conflicto.

— Se comenzó llamando democráticas las instituciones liberales, y se concluyó llamando liberales las servidumbres democráticas.

— Nada es suficientemente importante para que no importe como está escrito.

— Las autobiografías interesantes podrían abundar si escribir la verdad no fuese problema estético.

— La vida es un combate cotidiano contra la estupidez propia.

— En las ciencias humanas sólo se debe generalizar para individualizar mejor.

— El amor utiliza el vocabulario del sexo para escribir un texto ininteligible al sexo solo.

— Cuidémonos de llamar "aceptar la vida" aceptar sin resistencia lo que degrada.

— La mentalidad moderna es hija del orgullo humano inflado por la propaganda comercial.

— Creer que una verdad patente, claramente expresada, ha de convencer, no es más que prejuicio ingenuo.

— Los problemas básicos de una época nunca han sido el tema de sus grandes obras literarias.
Sólo la literatura efímera es "expresión de la sociedad".

— Proletario consciente en el vocabulario marxista significa pueblo convertido a los ideales burgueses.

— No tengo pretensiones a la originalidad: el lugar común, si es viejo, me basta.

— La "explicación" consiste finalmente en asimilar un misterio insólito a un misterio familiar.

— Tan solo para defender nuestras convicciones subalternas poseemos abundantes argumentos.

— Más que lo que dice, al imbécil lo delata su dicción.

— El moderno conoce cada día más al mundo y menos al hombre

— La sinceridad, si no es en confesión sacramental, es factor de desmoralización.

— Pedirle al estado lo que sólo deber hacer la sociedad es el error de la izquierda.

— Nada suscita más desdén recíproco que la diferencia de diversiones.

— El maquinismo embrutece porque le hace creer al hombre que vive en un universo inteligible

— No se suele llegar a conclusiones sino desatendiendo objeciones.

— Del tedio cotidiano sólo nos rescatan lo impalpable, lo invisible, lo inefable.

— El filósofo se desequilibra fácilmente; sólo el moralista no suele perder el juicio.

— Las almas que el cristianismo no poda nunca maduran.

— Lo vago y lo preciso, en el universo, no son zonas bien o mal conocidas, sino zonas de estructura diversa.
    La zona, por ejemplo, donde la buena voluntad basta, y la zona donde sólo el acierto cuenta.

— Las palabras son las verdaderas aventuras del auténtico escritor.

— Una reforma de la sociedad sólo puede esperarse de las contradicciones entre las insensateces humanas.

— Hacer lo que debemos hacer es el contenido de la Tradición.

— El que no busca a Dios en el fondo de su alma, no encuentra allí sino fango.

— La "liberación sexual" le permite al hombre moderno desentenderse de los múltiples tabús de otra índole que lo gobiernan.

— El que se empeña en refutar argumentos imbéciles acaba haciéndolo con razones estúpidas.

— No ha nacido escritor que no haya escrito demasiado.

— El clero moderno afirma que el cristianismo pretende resolver los problemas terrestres –confundiéndolo así con la utopía.

— Un simple arrebato de impaciencia suele suprimir pronto la distancia entre la utopía y el asesinato.

— El hombre es animal educable, siempre que no caiga en manos de pedagogos progresistas.

— Los lugares comunes de la tradición occidental son la pauta que no engaña en las ciencias humanas.

— Todo hombre vive su vida como un animal sitiado.

— Las filosofías comienzan en filosofía y acaban en retórica.

— Siendo diálogo la filosofía, no hay razón para suponer que el último que opinó sea el que tiene la razón.

— La vocación auténtica se vuelve indiferente a su fracaso o a su éxito.

— El individualismo es cuna de la vulgaridad.

— Lo más irónico en la historia es que prever sea tan difícil y haber previsto tan obvio.

— Las intuiciones del filósofo a veces nos deslumbran; frente a sus raciocinios nos erizamos de objeciones.

— La estupidez se apropia con facilidad diabólica lo que la ciencia inventa.

— Donde la igualdad deja que la libertad entre, la desigualdad se le desliza.

— El sociólogo nunca sabe, al manipular sus estadísticas, dónde importa la cifra relativa y dónde la cifra absoluta.

— Donde el comunismo triunfa, el silencio cae con ruido de trampa que se cierra.

— Conocer bien un episodio histórico consiste en no observarlo a través de prejuicios democráticos.

— Entre los elegidos por el sufragio popular sólo son respetables los imbéciles, porque el hombre inteligente tuvo que mentir para ser elegido.

— El hombre no tiene la misma densidad en toda época.

— El vicio que aqueja a la derecha es el cinismo, y a la izquierda la mentira.

— Saber no resuelve sino problemas subalternos, pero aprender protege del tedio.

— Los que reemplazan la "letra" del cristianismo por su "espíritu" generalmente lo convierten en una pamplinada socio-económica.

— Humanidad es lo que elaboraron en la animalidad del hombre la reticencia y el pudor.

— Nada inquieta más al incrédulo inteligente que el católico inteligente.

— El realismo de la fotografía es falso: omite en la representación del objeto su pasado, su trascendencia, su futuro.

— La perfecta transparencia de un texto es, sin más, una delicia suficiente.

— Nuestra vida es anécdota que esconde nuestra personalidad verdadera.

— Hablar sobre Dios es presuntuoso, no hablar de Dios es imbécil.

— Las personas sin imaginación nos congelan el alma.

— El espectáculo de un fracaso es tal vez menos melancólico que el de un triunfo.

— Ciertas ideas sólo son claras formuladas, pero otras sólo son claras aludidas.

— Al repudiar los ritos, el hombre se reduce a animal que copula y come.

— El hombre moderno no defiende enérgicamente sino su derecho a la crápula.

— La objeción del reaccionario no se discute, se desdeña.

— En materia religiosa la trivialidad de las objeciones suele ser más obvia que la fragilidad de las pruebas.

— Cuando los elegidos en una elección popular no pertenecen a los estratos intelectuales, morales, sociales, más bajos de la nación, podemos asegurar que subrepticios mecanismos anti-democráticos han interferido el funcionamiento normal del sufragio.

— Al estallar una revolución, los apetitos se ponen al servicio de ideales; al triunfar la revolución, los ideales se ponen al servicio de apetitos.

— Entre las causas de una revolución y su realización en hechos se insertan ideologías que acaban determinando el curso y hasta la naturaleza de los acontecimientos.
Las "ideas" no "causan" las revoluciones, pero las encauzan.

— Los que defienden las revoluciones citan discursos; los que las acusan citan hechos.

— La falsificación del pasado es la manera como la izquierda ha pretendido elaborar el futuro.

— "Tener sentido" es atributo irreductible, inanalizable, último, de ciertas presentaciones.

— La sensibilidad es brújula menos susceptible de enloquecerse y de desorientar que la "razón".

— El día se compone de sus momentos de silencio.
Lo demás es tiempo perdido.

— El hombre solamente es importante si es verdad que un Dios ha muerto por él.

— El afán moderno de originalidad le hace creer al artista mediocre que en simplemente diferir consiste el secreto de la originalidad.

— No todos los vencidos son decentes, pero todos los decentes resultan vencidos.

— Aun los gobernantes más austeros acaban asistiendo al circo para complacer a la muchedumbre.

— Todo en la historia comienza antes de donde creemos que comienza, y termina después de donde creemos que termina.

— Desigualdad e igualdad son tesis que conviene defender alternativamente, a contrapelo del clima social que impere.

— Ni declaración de derechos humanos, ni proclamación de constituciones, ni apelación a un derecho natural, protegen contra la arbitrariedad del estado. Sólo es barrera al despotismo el derecho consuetudinario.

— Sus prejuicios no embrutecen sino al que los cree conclusiones.

— De soberanía de la ley sólo se puede hablar donde la función del legislador se reduzca a consultar el consenso consuetudinario a la luz de la ética.

— Las grandes teorías históricas se vuelven útiles cuando renuncian a querer explicar todo.

— La comprensión de lo individual y la comprensión de lo general se condicionan en historia recíprocamente.

— No hay ciencia humana tan exacta que el historiador no necesite corregirla y adaptarla para poderla utilizar.

— Al hombre no lo educa el conocimiento de las cosas sino el conocimiento del hombre.

— La patanería intelectual es el defecto que en este siglo menos sabemos evitar.

— Determinar cuál es la causa y cuál el efecto suele ser en historia problema insoluble.

— El hombre nunca calcula el precio de cualquier comodidad que conquista.

— No hay casualidad en historia que no se supedite a la casualidad de las circunstancias.

— La noción de determinismo ha ejercido un terrorismo corruptor de la faena filosófica.

— Sólo se puede releer al que sugiere más de lo que expresa.

— Nadie ignora que los acontecimientos históricos se componen de cuatro factores: necesidad, casualidad, espontaneidad, libertad.
Sin embargo rara es la escuela historiográfica que no pretende reducirlos a uno solo.

— "Necesidad histórica" suele ser meramente nombre de la estupidez humana.

— El espectáculo de la humanidad no adquiere cierta dignidad sino gracias a la deformación a que el tiempo lo somete en la historia.

— El político nunca dice lo que cree cierto, sino lo que juzga eficaz.

— Más que del inquietante espectáculo de la injusticia triunfante, es del contraste entre la fragilidad terrestre de lo bello y su esencia inmortal en donde nace la esperanza de otra vida.

— La retórica cultural reemplaza hoy la retórica patrióti-
ca, en las efusivas expectoraciones de los tontos.

— Un tacto inteligente puede hacer culminar en perfección del gusto la austeridad que la pobreza impone.

— El hombre ya no sabe inventar nada que no sirva
para matar mejor o para vulgarizar el mundo un poco
más.

— Sólo la religión puede ser popular sin ser vulgar.

— Su libertad no libera al hombre de la necesidad,.
Pero la tuerce en imprevisibles consecuencias.

— Cambiar un gobierno democrático por otro gobierno democrático se reduce a cambiar los beneficiarios·
del saqueo.

— Es sobre las antinomias de la razón, sobre los escán-
dalos del espíritu, sobre las rupturas del universo, sobre
lo que fundo mi esperanza y mi fe.

— El estado no se ha portado con discreción y mesura sino bajo la vigilancia celosa de burguesías ricas.

— Las verdades subalternas suelen eclipsar las más altas verdades.

— Aun cuando lograra realizar sus más atrevidas utopías, el hombre seguiría anhelando transmundanos destinos.

— Las dudas no se disipan una a una: se disuelven en un espasmo de luz.

— Es ante todo contra lo que el vulgo proclama "natural" contra lo que el alma noble se rebela.

— Todo lo eximio en la historia resulta de equilibrios singularmente inestables.
Nada dura ciertamente, pero lo mediocre dura más.

— Sólo es transparente el diálogo entre dos solitarios.

— Formular los problemas de hoy en un vocabulario tradicional los despoja de falsos prestigios.

— En los siglos espiritualmente desérticos, sólo cae en cuenta de que el siglo está muriéndose de sed el que aún capta aguas subterráneas.

— La libertad no es fruto del orden sólo, es fruto de concesiones mutuas entre el orden y el desorden.

— Mis convicciones son las mismas que las de la anciana que reza en el rincón de una iglesia.

— La realidad última no es la del objeto que la razón construye, sino la de la voz a que la sensibilidad contesta.

— Las ciencias humanas no son propiamente ciencias inexactas, sino ciencias de lo inexacto.

— Hablan enfáticamente de "transformación del mundo", cuando lo más a que pueden pretender es a ciertas remodelaciones sociales secundarias.

— Lo que aconseja renunciar a las opiniones progresistas y atrevidas es la inevitabilidad con la cual tarde o temprano el tonto finalmente las adopta.

— No viviría ni una fracción de segundo si dejara de sentir el amparo de la existencia de Dios.

— No cometo la torpeza de negar los indiscutibles éxitos del arte moderno; pero ante el arte moderno en sí, como ante el arte egipcio o chino, me siento ante un arte exótico.

— Después de experimentar en qué consiste una época prácticamente sin religión, el cristianismo aprende a escribir la historia del paganismo con respeto y con simpatía.

— Ante el marxismo hay dos actitudes igualmente erróneas: desdeñar lo que enseña, creer lo que promete.

— Filosofar es adivinar, sin poder nunca saber si acertamos.

— Marxismo y psico-análisis han sido los dos cepos de la inteligencia moderna.

— Estado sanamente constituido es aquel donde inmúmeros obstáculos embarazan y estorban la libertad del legislador.

— Nuestras repugnancias espontáneas suelen ser más lúcidas que nuestras convicciones razonadas.

— "Revolucionario" significa hoy individuo para quien la vulgaridad moderna no está triunfando con suficiente rapidez.

— Aun cuando estén llenos de amenazas, no logro ver en los Evangelios sino promesas.

— El emburguesamiento de las sociedades comunistas es, irónicamente, la postrer esperanza del hombre moderno.

— Una sociedad civilizada necesita que en ella, como en la vieja sociedad cristiana, igualdad y desigualdad permanentemente dialoguen.

— La envidia difiere de los demás vicios por la facilidad con que se disfraza de virtud.

— La actividad política deja de tentar al escritor inteligente, cuando al fin entiende que no hay texto inteligente que logre tumbar ni a un alcalde de pueblo.

— En el hombre inteligente la fe es el único remedio de la angustia.
Al tonto lo curan "razón", "progreso", alcohol, trabajo.

— El placer de adivinar el significado ingenioso de una metáfora pretende reemplazar, en la "poesía" moderna, la misteriosa jubilación del canto.

— La fe no es una convicción que poseemos, sino una convicción que nos posee.

— La frontera entre la inteligencia y la estupidez es movediza.

— La diversidad de la historia es efecto de causas siempre iguales actuando sobre individualidades siempre diversas.

— La índole del efecto, en historia, depende de la índole del individuo sobre el cual la causa actúa.

— Pasada la embriaguez de la juventud, sólo los lugares comunes nos parecen merecer cuidadoso examen.

— La tolerancia ilimitada no es más que una manera hipócrita de dimitir.

— Tolerar hasta ideas estúpidas puede ser virtud social; pero es virtud que tarde o temprano recibe su castigo.

— La palabrería desatada por una ilimitada libertad de expresión acaba reduciendo errores y verdades a una igual insignificancia.

— Nunca he pretendido innovar, sino no dejar prescribir.

— "Utilidad social" es criterio que degrada un poco lo que pretende justificar.

— Riqueza de mercader, de industrial, de financista, es estéticamente inferior a riqueza en tierra y rebaños.

— De una acentuación equivocada provienen la mayoría de los errores en nuestra interpretación del mundo.

— Lo difícil en todo problema moral o social estriba en que su solución acertada no es cuestión de todo o nada, sino de más o de menos.

— La fe no es explicación, sino confianza en que la explicación finalmente existe.

— Sólo nos convence plenamente la idea que no necesita argumentaciones para convencernos.

— Al denunciar la corrupción, la publicidad de la prensa la propaga.

— Los que no queremos admitir sino lo que vale, les pareceremos siempre ingenuos a los que no reconocen sino lo que rige.

— Si el determinismo es real, si sólo puede acontecer lo que debe acontecer, el error no existe.
Errar supone que algo no debido aconteció.

— Más que la inmoralidad del mundo actual, es su fealdad creciente lo que incita a soñar en un claustro.

— Es moderno lo que sea producto de un acto inicial de soberbia; es moderno lo que parezca permitirnos eludir la condición humana.

— En textos anodinos tropezamos de pronto con frases que penetran en nosotros como una estocada a fondo.

— Los ritos preservan, los sermones minan la fe.

— El calor humano en una sociedad disminuye a medida que su legislación se perfecciona.

— Los partidarios que aún le quedan a la libertad en nuestro tiempo suelen olvidar que cierta trivial y vieja tesis burguesa es la evidencia misma: la condición *sine qua non* de la libertad, tanto para proletarios como para propietarios, es la existencia de la propiedad privada.

Defensa directa de la libertad de los unos; defensa indirecta de la libertad de los otros.

— Crece en el mundo moderno el número de teorías que sólo vale la pena refutar alzando los hombros.

— Lo que preocupa al Cristo de los Evangelios no es la situación económica del pobre, sino la condición moral del rico.

— La sociedad moderna trabaja afanosamente para poner la vulgaridad al alcance de todos.

— "Sentido", "significado", "importancia", son términos que no designan meramente relaciones transitivas. Hay cosas con sentido, significado, importancia, en sí.

— El ignorante cree que la expresión "modales aristocráticos" significaba comportamientos insolentes: el que investiga descubre que la expresión significaba cortesía, finura, dignidad.

— La función de la Iglesia no es la de adaptar el cristianismo, al mundo, ni siquiera de adaptar el mundo al cristianismo, su función es la de mantener un contramundo en el mundo.

— El historiador que habla de causa, y no de causas, debe ser dado de baja inmediatamente.

— La causa económica produce "algo", pero sólo la coyuntura histórica decide "que".

— El mecanismo esencial de la historia es el simple reemplazo de unas individualidades por otras.

— Opinión obsoleta y opinión errónea son para el tonto expresiones sinónimas.

— Nada más frecuente que despreciar a muchos que debieran más bien despertar nuestra envidia.

— En el arte moderno abundaron tendencias que agotaron la capacidad de indignación de la conciencia estética.

— La índole de la obra de arte puede depender de condiciones sociales, pero su calidad estética de nada depende.

— Los regímenes políticos se vuelven tolerables cuando comienzan a desacatar sus propios principios.

— Dios no muere, pero desgraciadamente para el hombre los dioses subalternos como el pudor, el honor, la dignidad, la decencia, han perecido.

— La mayoría de las tareas que el gobernante típico de este siglo se cree obligado a asumir no son más que abusos de poder.

— La policía es la única estructura social de la sociedad sin clases.

— La mayoría de las nuevas costumbres actuales son viejos comportamientos que la civilización occidental había púdicamente arrinconado en sus barrios bajos.

— Los límites de la ciencia se revelan con mayor claridad a la luz creciente de sus triunfos.

— Todo lo que se pueda reducir a sistema acaba en manos tontas.

— Son muchas las cosas ante las cuales hay que aprender a sonreír sin irrespetar.

— La ridiculez de un gobernante no impresiona nunca sino a minorías impotentes.

— Para no vivir deprimido en medio de tanta opinión tonta, conviene recordar en todo instante que las cosas obviamente son lo que son, opine el mundo lo que opine.

— El que no aprendió latín y griego vive convencido, aunque lo niegue, de ser sólo semi-culto.

— Las humanidades clásicas educan porque ignoran los postulados básicos de la mente moderna.

— La historia claramente demuestra que gobernar es tarea que excede la capacidad del hombre.

— El hombre se esfuerza en demostrar para eludir el riesgo finalmente ineludible de asumir.

— Aun cuando los historiadores patriotas se indignen, la historia de muchos países carece totalmente de interés.

— La inmigración del campesino en las ciudades fue menos desastrosa que la del notable del pueblo.

La sociedad rural, por una parte, perdió la estructura de prestigios que la disciplinaba, y el notable, por otra, se convirtió en partícula anónima de la amorfa masa humana.

— El moderno cree vivir en un pluralismo de opiniones, cuando lo que hoy impera es una unanimidad asfixiante.

— Tratándose del conocimiento del hombre, no hay cristiano (siempre que no sea cristiano progresista) a quien alguien tenga algo que enseñarle.

— La gloria de los escritores verdaderamente grandes es gloria artificialmente impuesta al público, gloria escolar y subvencionada.

La gloria auténtica, popular, espontánea, no corona sino a mediocres.

— Los espectáculos llamados técnicamente "para adultos" no son para mentes adultas.

— Los resultados de la "liberación" moderna nos hacen recordar con nostalgia las abolidas "hipocresías burguesas".

— Llaman "fomentar la cultura" coronar a mediocres.

— En filosofía basta a veces una sola pregunta ingenua para que todo un sistema se desplome.

— Cuando sospechamos la extensión de lo congénito, caemos en cuenta de que la pedagogía es técnica de lo subalterno.
Sólo aprendemos lo que nacimos para saber.

— Nuestra meditación no debe consistir en tema propuesto a nuestra inteligencia, sino en un rumor intelectual que acompañe nuestra vida.

— La mayor parte de las ideas políticas de una época depende del estado de las técnicas militares.

— La voluntad le es concedida al hombre para que pueda negarse a hacer ciertas cosas.

— Hay argumentos de validez creciente, pero, en resumen, ninguno en ningún campo nos ahorra el brinco final.

— La idea improvisada brilla y se apaga.

— De las catástrofes individuales y sociales más graves las víctimas no suelen tener conciencia: los individuos se embrutecen, las sociedades se envilecen, inconscientemente.

— Ni improvisación en sí, ni meditación en sí, logran mayor cosa.
En realidad, sólo vale el fruto espontáneo de meditaciones olvidadas.

— Lo difícil del filósofo difícil suele ser más su lenguaje que su filosofía.

— No hay generalización sociológica que no parezca inadecuada al que cobija.

— En la cultura que se compra abundan notas falsas; la única que nunca desafina es la que se hereda.

— Cupo a la era moderna el privilegio de corromper a los humildes.

— La discusión política pública no es intelectualmente adulta en ningún país.

— El puritanismo es la actitud propia al hombre decente en el mundo actual.

— El cristiano no finge resueltos los problemas que la religión plantea, sino los trasciende.

— La uniformidad siniestra que nos amenaza no será impuesta por una doctrina, sino por un condicionamiento económico y social uniforme.

— El gesto, más que el verbo, es el verdadero transmisor de las tradiciones,.

— "Escapismo" es la acusación que preferentemente hace el imbécil.

— He visto la filosofía desvanecerse poco a poco entre mi escepticismo y mi fe.

— Principio de inercia y noción de selección natural eliminaron la necesidad de atribuirle significado a los hechos, pero no demostraron que el significado no exista.

— La plena vileza del hombre no se patentiza sino en las grandes agrupaciones urbanas.

— Mientras los contemporáneos sólo leen con entusiasmo al optimista, la posteridad relee con admiración al pesimista.

— Está bien exigirle al imbécil que respete artes, letras, filosofía, ciencias, pero que las respete en silencio.

— Educar al individuo consiste en enseñarle a desconfiar de las ideas que se le ocurren.

— Ninguna de las épocas cimeras de la historia ha sido planeada.
Al reformador sólo se le pueden acreditar errores.

— Las palabras nacen en el pueblo, florecen entre escritores, mueren en boca de la clase media.

— La civilización no conquista definitivamente: sólo celebra esporádicas victorias.

— Los monarcas, en casi toda dinastía, han sido tan mediocres que parecen presidentes.

— Solo los años nos enseñan a manejar con tacto nuestra ignorancia.

— Prosa perfecta es la que el lector ingenuo no nota que está bien escrita.

— El pueblo hoy no se siente libre sino cuando se siente autorizado a no respetar nada.

— El moderno perdió el alma y no es más ya que la suma de sus comportamientos.

— El traje de etiqueta es el primer paso hacia la civilización.

— Una educación sin humanidades prepara sólo para los oficios serviles.

— Además de sociedades civilizadas y de sociedades semi-civilizadas, hay sociedades seudo-civilizadas.

— En las ciencias humanas abundan problemas ininteligibles por naturaleza tanto al profesor norte-americano como al intelectual marxista.

— Nada es más irritante que la seguridad con que opina sobre todo el que ha tenido éxito en algo.

— El verdadero cristiano no debe resignarse a lo inevitable: debe confiar en la impertinencia de una oración reiterada.

— Aburridor, como visitante extranjero ilustre.

— La industrialización de la agricultura está cegando el hontanar de la decencia en el mundo.

— La herejía que amenaza a la Iglesia, en nuestro tiempo, es el "terrenismo".

— Los mercaderes de objetos culturales no serían irritantes si no los vendieran con retórica de apóstol.

— Los fragmentos del pretérito que sobreviven avergüenzan el paisaje moderno dentro del cual se levantan.

— En la fe hay parte que es intuición y parte que es apuesta.

— La regla de oro en política está en no hacer sino cambios mínimos y en hacerlos con la mayor lentitud posible.

— El pueblo a veces acierta cuando se asusta; pero siempre se equivoca cuando se entusiasma.

— ¿Para qué engañarnos? — La ciencia no ha contestado ni una sola pregunta importante.

— La desigualdad injusta no se cura con igualdad, sino con desigualdad justa.

— En la sociedad sana, el estado es órgano de la clase dirigente; en la sociedad contrahecha, el estado es instrumento de una clase burocrática.

— El tonto viendo que las costumbres cambian dice que la moral varía.

— El cristiano sabe con seguridad cuál debe ser su comportamiento personal, pero nunca puede asegurar que no se equivoca al prohijar tal o cual reforma social.

— La mayoría de las costumbres propiamente modernas serían delito en una sociedad auténticamente civilizada.

— No es en manos de las mayorías populares donde el poder más fácilmente se pervierte, es en manos de los semi-cultos.

— La presión demográfica embrutece.

— La izquierda pretende que el culpable del conflicto no es el que codicia los bienes ajenos sino el que defiende los propios.

— La envidia es clave de mas historias que el sexo.

— "Tener fe en el hombre" no alcanza a ser blasfemia, es otra bobería más.

— No sabemos a fondo sino lo que no nos sentimos capaces de enseñar.

— La religión no es socialmente eficaz cuando prohíja soluciones socio-políticas, sino cuando logra que sobre la sociedad espontáneamente influyan actitudes puramente religiosas.

— Después de haber sido, en el siglo pasado, el instrumento del radicalismo político, el sufragio universal se está convirtiendo, como lo previó Tocqueville, en mecanismo conservador.

— La Iglesia educaba; la pedagogía del mundo moderno tan sólo instruye.

— Hay momentos en que el peor defecto, peor delito, peor pecado, parece ser la mala educación.

— Los llamados prejuicios de las clases altas suelen consistir en experiencias acumuladas.

— El clero moderno, para salvar la institución, trata de desembarazarse del mensaje.

— Sus contradicciones definen menos al individuo que la manera como se acomoda en ellas.

— Barroquismo, preciosismo, modernismo, son enfermedades nobles; pero enfermedades al fin.

— Todo en el mundo reposa finalmente sobre sendos "porqué sí" últimos.

— Las tesis no son expuestas con claridad sino cuando logran que las exponga un hombre inteligente que no las comparte.

— Salvo en pocos países, querer "fomentar la cultura" recomendando la lectura de "autores nacionales" es empresa contradictoria.

— El anhelo secreto de toda sociedad civilizada no es el de abolir la desigualdad, sino el de educarla.

— Existen dos interpretaciones del voto popular: una democrática, otra liberal.

Según la interpretación democrática es verdad lo que la mayoría resuelve; según la interpretación liberal la mayoría meramente escoge una opinión.

Interpretación dogmática y absolutista, la una; interpretación escéptica y discreta, la otra.

— La "Naturaleza" fue descubrimiento pre-romántico que el romanticismo propagó, y que la tecnología está matando en nuestros días.

— Lo que desacredita la religión no son los cultos primitivos, sino las sectas norte-americanas.

— En la sociedad moderna, el capitalismo es la única barrera al espontáneo totalitarismo del sistema industrial.

— El ideal del reaccionario no es una sociedad paradisíaca. Es una sociedad semejante a la sociedad que existió en los trechos pacíficos de la vieja sociedad europea, de la Alteuropa, antes de la catástrofe demográfica, industrial y democrática.

— El problema de la creciente inflación económica sería soluble, si la mentalidad moderna no opusiera una resistencia invencible a cualquier intento de restringir la codicia humana.

— Donde no sea consuetudinario, el derecho se convierte fácilmente en simple arma política.

— ¿Por qué no imaginar posible, después de varios siglos de hegemonía soviética, la conversión de un nuevo Constantino?.

— El pueblo que se despierta, primero grita, luego se emborracha, roba, asesina, y después se vuelve de nuevo a dormir.

— Si ignoramos el arte de una época, su historia es un relato incoloro.

— Los acontecimientos históricos dejan de ser interesantes a medida que sus participantes se acostumbran a juzgar todo con categorías puramente laicas.
Sin la intervención de dioses todo se vuelve aburrido.

— El moderno llama "cambio" caminar más rápidamente por el mismo camino en la misma dirección.
El mundo, en los últimos trescientos años, no ha cambiado sino en ese sentido.
La simple propuesta de un verdadero cambio escandaliza y aterra al moderno.

— Son menos irritantes los que se empeñan en estar a la moda de hoy que los que se afanan cuando no se sienten a la moda de mañana.
La burguesía es estéticamente más tolerable que la vanguardia.

— El clero moderno cree poder acercar mejor el hombre a Cristo, insistiendo sobre la humanidad de Jesús.
Olvidando así que no confiamos en Cristo porque es hombre, sino porque es Dios.

— Comparadas a la estructura sofisticada de todo hecho histórico, las generalizaciones del marxismo son de una ingenuidad enternecedora.

— Una burocracia le resulta al pueblo siempre finalmente más costosa que una clase alta.

— Hay que cuidarse de quienes se dice que "tienen mucho mérito". Siempre tienen algún pasado que vengar.

— El mundo moderno resultó de la confluencia de tres series causales independientes: la expansión demográfica, la propaganda democrática, la revolución industrial.

— Nada indigna tanto al incrédulo como las apologías del cristianismo basadas sobre el escepticismo intelectual y la experiencia interna.

— Se requiere ingenuidad ilimitada para poder creer que el mejoramiento de un estado social cualquiera pueda ser otro que lento, paulatino, e involuntario.

— Que la renuncia al "para que" en las ciencias haya sido fecunda es indiscutible, pero es una confesión de derrota.

— Sociedad noble es aquella donde obediencia y mando son comportamientos éticos, y no meras necesidades prácticas.

— Si no se cree en Dios, lo único honesto es el Utilitarismo vulgar.

Lo demás es retórica.

— Superficial, como la explicación sociológica de cualquier conducta.

— Nadie más insoportable que el que no sospecha, de cuando en cuando, que pueda no tener razón.

— El tan decantado "dominio del hombre sobre la naturaleza" resultó ser meramente una inmensa capacidad homicida.

— Desde Wundt, uno de los lugares clásicos de "desempleo disfrazado" es el laboratorio de psicología experimental.

— La historia sí es historia de la libertad, pero no de una esencia "Libertad", sino de los actos humanos libres y de sus imprevisibles consecuencias.

— El error del cristiano progresista está en creer que la polémica perenne del cristianismo contra los ricos es una defensa implícita de los programas socialistas.

— La moda, aun más que la técnica, es causa de la uniformidad del mundo moderno.

— En el estado moderno ya no existen sino dos partidos: ciudadanos y burocracia.

— La sociedad hasta ayer tenía notables; hoy sólo tiene notorios.

— La urbe moderna no es una ciudad, es una enfermedad.

— Donde el cristianismo desaparece, codicia, envidia y lujuria inventan mil ideologías para justificarse.

— La Iglesia contemporánea practica preferencialmente un catolicismo electoral.
Prefiere el entusiasmo de las grandes muchedumbres a las conversiones individuales

— Nadie en política puede prever las consecuencias ni de lo que destruye, ni de lo que construye.

— No pudiendo ser definidos unívocamente, ni demostrados de manera irrefutable, los llamados "derechos humanos" sirven de pretexto al individuo que se insubordina contra una legislación positiva.

El individuo no tiene más derechos que la prestación que pueda desprenderse de un deber ajeno.

— No es meramente que la basura humana se acumula en las ciudades, es que las ciudades vuelven basura lo que en ellas se acumula.

— El elector ni siquiera vota por lo que quiere, tan sólo vota por lo que cree querer.

— En su afán pueril y vano de seducir al pueblo, el clero moderno concede a los programas socialistas la función de esquemas realizadores de las Bienaventuranzas.

El truco consiste en reducir a una estructura colectiva y externa al individuo, un comportamiento ético que si no es individual e interno no es nada.

El clero moderno predica, en otros términos, que hay una reforma social capaz de borrar las consecuencias del pecado.

De lo que se puede deducir la inutilidad de la redención por Cristo.

— Los Evangelios y el Manifiesto comunista palidecen; el futuro del mundo está en poder de la coca-cola y la pornografía.

— Lo importante no es que el hombre crea en la existencia de Dios, lo importante es que Dios exista.

— La envidia suele ser el verdadero resorte de las indignaciones morales.

— El rival de Dios no es nunca la creatura concreta que amamos. Lo que termina en apóstasis es la veneración del hombre, el culto de la humanidad.

— Ocuparse intensamente de la condición del prójimo le permite al cristiano disimularse sus dudas sobre la divinidad de Cristo y la existencia de Dios.

La caridad puede ser la forma más sutil de la apostasía.

— Escribir es la única manera de distanciarse del siglo en el que le cupo a uno nacer.

Un Ángel Cautivo en el Tiempo

Franco Volpi

SU OBRA

El destilado de sus infinitas lecturas es obra única, de
la cual las otras poquísimas que escribió no son sino la
preparación o el eco. El título singular y enigmático
dice: *Escolios a un Texto Implícito* (2 vol. Instituto Colombiano de Cultura, Bogotá, 1977).

En los años cincuenta, Nicolás Gómez Dávila publicó
un ensayo, en un volumen, editado por iniciativa de
su hermano Ignacio, con el simple título de *Notas* (México,1954). En la contraportada se lee: "La edición de
esta obra se hizo por cuenta del autor; está dedicada a
sus amigos y queda fuera de comercio". Se trata de
observaciones, máximas, anotaciones, frases y juicios,
eminentemente experimentales, que más tarde el autor reconstruyó y reintegró a la obra mayor. Este conjunto tiene un valor documental y nos permite entrar
al laboratorio del escritor, recoger sus movimientos
creativos desde su nacimiento, entender el espíritu,
intuir la genialidad y degustar el estilo, inconfundible-
mente construido ya sobre fulminantes cortos circuitos
lingüísticos y mentales.

El segundo libro publicado por Gómez Dávila es, también, una obra interlocutoria, valiosa para seguir de

cerca la maduración de los términos y el contenido de las reflexiones filosóficas del autor, pero igualmente inconclusa. Tanto así que se anunció como *Textos I* (Editorial Voluntad, Bogotá, 1959), sin que el segundo volumen jamás saliera a la luz. Aquí la prosa es continua, el esfuerzo tiende al sistema, o al menos al tratado. Expone la antropología de Gómez Dávila, basada sobre una incondicional adhesión a la doctrina católica y en la incitante convicción de que la historia del hombre está íntegramente comprendida entre el nacimiento de Dios y su muerte. Allí se encuentra además la teoría de la reacción, desarrollada entre las páginas 61 y 100, que según Francisco Pizano de Brigard constituyen el " texto implícito " al que aluden los Escolios (cfr. "Semblanza de un Colombiano Universal: las claves de Nicolás Gómez Dávila", en la *Revista del Colegio Mayor de Nuestra Señora del Rosario*, n. 542, 1988, pp. 9-20).

A los Escolios seguirán dos recopilaciones posteriores de aforismos, las que según el estilo y contenido son una fiel continuación de la obra mayor: *Nuevos Escolios a un Texto Implícito* (2 vol., Procultura, Bogotá, 1986) y *Sucesivos Escolios a un Texto Implícito* (Instituto Caro y Cuervo, Bogotá, 1992).

Si a esta cuenta agregamos dos breves ensayos: "De iure" (aparecido en la *Revista del colegio de Nuestra Señora del Rosario*, LXXXI, n. 542, Bogotá, abril-junio 1988) y "El Reaccionario Auténtico" (publicado en la *Revista de la Universidad de Antioquia*, n. 240, 1995, pp. 16-33), tendremos todo lo publicado por Gómez Dávila.

UNA ESCRITURA "CORTA Y ELÍPTICA"

Como obra, los *Escolios* son en sí el producto de una vida disciplinada y metódica, una destilación del pensamiento apoyada en frases maduradas durante el transcurso de los años, que impresionan por su esencialidad, su nitidez estilística y la transparente evidencia de las verdades que logran comunicar. Tocan, por lo general, los grandes problemas de la filosofía, de la religión y de la política: Dios y el mundo, el tiempo y la eternidad, el hombre y su destino, la Iglesia y el Estado, pensamiento y poesía, razón y fe, Eros y Thanatos. Aquí la forma y las ideas se funden en una brevedad que obedece a la elemental y original poética propia del autor, que prevé dos modos de escribir: "una manera lenta y minuciosa, otra corta y elíptica" (Notas, 21).

"Escribir de la primera manera es hundirse con delicia en el tema, penetrar en él deliberadamente, abandonarse sin resistencia a sus meandros y renunciar a adueñarse para que el tema bien nos posea. Aquí convienen la lentitud y la calma; aquí conviene morar en cada idea, durar en la contemplación de cada principio, instalarse perezosamente en cada consecuencia. Las transiciones son, aquí, de una soberana importancia, pues es éste ante todo un arte del contexto de la idea, de sus orígenes, sus penumbras, sus nexos y sus silenciosos remansos. Así escriben Peguy o Proust, así sería posible una gran meditación metafísica". (Notas, 21).

El otro estilo, "corto y elíptico", es aquel por el cual opta Gómez Dávila: "Escribir de la segunda manera es asir el tema en su forma más abstracta, cuando apenas nace, o cuando muere dejando un puro esquema. La idea es aquí un centro ardiente, un foco de seca luz. De ella provendrán consecuencias infinitas, pero no es aún sino germen, y promesa en sí encerrada. Quien así escribe no toca sino las cimas de la idea, una dura punta de diamante. Entre las ideas juega el aire y se extiende el espacio. Sus relaciones son secretas, sus raíces escondidas. El pensamiento que las une y las lleva no se revela en su trabajo, sino en sus frutos, en ellas, desatadas y solas archipiélagos que afloran en un mar desconocido. Así escribe Nietzsche, así quiso la muerte que Pascal escribiese". (Notas, 21-22)

Términos de parangón comprometido y a la vez de altas pretensiones, porque "aún en filosofía, sólo el estilo impide la transformación del texto en simple documento" (*Escolios II*, 65). Gómez Dávila pretende escribir con "austeridad y sencillez" (Notas, 17) y conferir a sus propias frases "la dureza de la piedra y el temblor de la rama" (*Escolios I*, 253). Para obtener tal resultado es indispensable, entonces, un trabajo paciente de lima, sin el cual llega, inevitablemente, el jaque. Con escarnio del público: "El escritor que no ha torturado sus frases tortura al lector" (*Escolios II*, 109). Viceversa, quien sabe cultivar sin afán la perfecta disciplina del idioma, cuidando de que la lucidez y la inteligencia maduren sus efectos, tarde o temprano recibirá también el don espontáneo de la creatividad: "Las palabras llegan un día a las manos del escritor paciente como bandadas de palomas" (*Nuevos Escolios II*, 187).

En una de sus raras confesiones personales, Nicolás Gómez Dávila nos explica cómo la escritura es para él una necesidad especial, una razón de existir, una forma de diálogo de la inteligencia con ella misma: "Ciertamente no creo que para pensar, meditar o soñar, sea siempre necesario escribir. Hay quien puede pasearse por la vida con los ojos bien abiertos, calladamente. Hay espíritus suficientemente solitarios para comunicarse a sí mismos, en su silencio interior, el fruto de sus experiencias. Más yo no pertenezco a ese orden de inteligencias tan abruptas; requiero el discurso que acompaña el ruido tenue del lápiz, resbalando sobre la hoja intacta". (Notas, 15-16).

Lo podríamos llamar, sin duda, un epicureismo de la inteligencia, el placer de un pensamiento que se abandona a sí mismo reclinándose el álveo de la escritura que lo expresa.

CUANDO EL PENSAMIENTO VACILA

Cabe, sin embargo, preguntarse con razón: ¿Por qué escoger el aforismo? ¿Cuál es la razón de la vocación exclusiva de Gómez Dávila por el escolio? Evidentemente no se trata solamente de "escribir corto para concluir antes de hastiar" (*Escolios I*, 45), tampoco de una simple escogencia estilística enfocada a restituir al pensamiento la sencillez que el razonamiento por lo general le resta. Detrás de esta vocación escolástica hay algo más sustancial.

Primero que todo: ¿qué es un escolio? Técnicamente, el término –del griego *scholion*, "comentario"– indica una nota en los manuscritos antiguos y en los incunables, anotada por el "escolasta", en interlínea o al margen del texto para explicar los pasajes oscuros desde el punto de vista gramatical, estilístico o a veces exegético.

Si es verdad que la" literatura no perece porque nadie escriba, sino cuando todos escriben." (*Escolios II*, 247). ¿Qué significa limitarse a anotar escolios al margen de un texto implícito? ¿Qué se pretende testimoniar asumiendo la actitud del escolástico?

Evidentemente una escogencia de vida y de pensamiento, antes que de escritura y de estilo: el escolástico se decide por el "ethos" de la humildad, de la reserva, de la modestia.

Al comienzo de Notas se encuentra una explicación a esta opción discreta: "La exposición didáctica, el tratado, el libro, sólo convienen a quien ha llegado a conclusiones que le satisfacen. Un pensamiento vacilante, henchido de contradicciones, que viaja sin comodidad en el vagón de una dialéctica desorientada, tolera apenas la nota, para que le sirva de punto de apoyo transitorio." (Notas,17). Y también refiriéndose a sus frases sencillas en las que condensa las complicaciones del pensamiento, escribe: "Las proclamo de nula importancia, y, por eso, las notas, glosas, escolios; es decir, la expresión verbal más discreta y más vecina del silencio." (Notas, 17).

Pero, ¿por qué al margen "de un texto implícito"?. ¿De qué texto se trata? Otra vez, la explicación se encuentra en un pasaje de Notas: "El diario, la nota, el apunte, que traicionan a todo gran espíritu que de ellos usa, pues, al exigirle poco, no le dejan manifestar ni sus dotes, ni sus raras virtudes ayudan al contrario, como astutos cómplices, al mediocre que los emplea. Le ayudan, porque sugieren una prolongación ideal, una obra ficticia que no los acompaña " (Notas, 17). Por tanto, el texto implícito es el límite a donde se regresan y en el cual se prolongan las proposiciones de Gómez Dávila. Se comprende por tanto la cita de Shakespeare que ha sido colocada como exergo de la obra: "Una mano, un pie, una pierna, una cabeza, dejan todo a la imaginación". (*A hand, a foot, a leg, a head. / Stood for the whole to be imagined*).

La decisión que inicialmente es una elección de sobriedad, –el fragmento que se une al caminar de un pensamiento aún vacilante–, se transforma más adelante en un punto de fuerza: "El discurso tiende a ocultar las rupturas del ser. El fragmento es la expresión del pensamiento honrado" (*Nuevos Escolios II*, 203). Más bien: "En filosofía todo lo que no es fragmento es estafa" (*Sucesivos Escolios*, 162). Afirmar que el fragmento no es apto para expresar el todo, presupone que el discurso difuso lo contenga todo. Como sea, el escritor inteligente debe saber que "El impacto de un texto es proporcional a la astucia de sus reticencias" (*Escolios II*, 194).

Gómez Dávila no está, sin embargo, entre aquellos desesperados que por reconocer en nuestra realidad lacerada una trama continua, se refugian en meros ejercicios de estilo. Cierto: "El fragmento es el medio de expresión del que aprendió que hombre vive entre fragmentos" (*Nuevos Escolios II*, 87). Pero el rompimiento de su obra en aforismos es sólo el aspecto formal de un pensamiento que mira siempre hacia el todo: "Mis breves frases son los toques cromáticos de una composición "pointilliste" (*Escolios I*, 11).

QUÉ SIGNIFICA "REACCIONARIO"

Siguiendo esta técnica de composición, insólita en filosofía, Gómez Dávila dibuja una visión sombría y desilusionada, pero lúcida e iluminadora del desolado paisaje de la modernidad y de sus dudas nihilistas. No es que él se complazca en naufragar en un *cupio disolvi*, al contrario: él pretende atestiguar, entre las ruinas, una verdad imperecedera, a la que su existencia se aferra: "No pertenezco a un mundo que perece. Prolongo y trasmito una verdad que no muere". (*Escolios II*, 500).

El resultado es un antimodernismo inflexible e intransigente, basado en la inamovible convicción de que "La humanidad cayó en la historia moderna como un animal en una trampa" (*Escolios II*, 471). "El mundo moderno resultó de la confluencia de tres series causales independientes: la expansión demográfica, la propaganda democrática, la revolución industrial" (*Sucesivos Escolios*, 161). Esto desemboca en la barbarie de la humanidad actual, que " sustituyó el mito de una pretérita edad de oro con el de una futura edad de plástico" (*Escolios II*, 88) y que "destruye más cuando construye que cuando destruye" (*Escolios I*, 251). Por tanto no hay que hacerse ilusiones: "Los Evangelios y el Manifiesto Comunista palidecen; el futuro está en poder de la Coca-Cola y la pornografía" (*Sucesivos Escolios*, 181). La modernidad ha abierto las puertas de par en par al ingreso triunfal en la historia a los tres enemigos más radicales del hombre: "el demonio, el estado y la técnica" (*Escolios II*, 75). El demonio porque es la perversión de la trascendencia, el estado porque entre más crece más disminuye al individuo y la técnica por ser una permanente tentación de lo posible. Todo esto basado en una paralizante conjetura: "El Anticristo es, probablemente, el hombre" (*Escolios I,* 254).

Gómez Dávila que cuenta entre sus propios antepasado a don Antonio Nariño, el traductor al español de los Derechos del Hombre de Thomas Paine, se confiesa reaccionario con un orgullo consciente. Pero la suya no es una reacción en el usual sentido político del término, demasiado débil y permisivo desde su intransigente punto de vista. Es cierto que entre los volúmenes de su biblioteca se encuentran, en primera fila, los escritos de Justus Moser, el padre del conservatismo rural, y la edición rusa de las obras completas de Konstantin Leont'ev, celebre fustigador del "europeo medio" como instrumento e ideal de la destrucción universal. Además de Joseph de Maistre, Donoso Cortés y otras fuentes del pensamiento reaccionario que le han acompañado desde su juventud parisina, tales como Maurice Barrès y Charles Maurras de quienes se podría averiguar la influencia en su formación.

La obra de Nicolás Gómez Dávila aparece como una caleidoscópica variación continua sobre el tema de fondo de la reacción, cuyos aforismos lo delinean y circunscriben hasta enfocarlo: "La única pretensión que tengo es no haber escrito un libro lineal, sino concéntrico" (*Nuevos Escolios II,* 211).

Sin embargo, Gómez Dávila confiere al término "reaccionario" un significado de principio, absoluto: reaccionario es aquel que está en contra de todo porque no existe ya nada que merezca ser conservado. En éste sentido él se considera mucho más radical que el conservador: "El reaccionario no se vuelve conservador sino en las épocas que guardan algo digno de ser conservado" (*Escolios II, 52*). Y en el mismo tono encontramos que constata: "Hoy no hay por quien luchar. Solamente contra quien" (*Escolios II, 231*).

¿Cuales son concretamente los adversarios de la reacción, aquellos de quien ella vive y se alimenta? Es claro que son: "el entusiasmo del progresista, los argumentos del demócrata y las demostraciones del materialista" (*Escolios II, 407*). Son en resumen las ideas sobre las cuales la modernidad ha construido aquella religión antropoteista que se conoce bajo el nombre de "democracia". También aquí hay que llamar la atención sobre la acepción del término: "Con el vocablo "democracia" designamos menos un hecho político que una perversión metafísica." (*Escolios II, 434*).

Vale decir: la democracia moderna es para Gómez Dávila la teología del hombre-dios, ya que ella asume al hombre como Dios y de éste principio deriva sus componentes, sus instituciones, sus realizaciones. Pero "Si el hombre es el único fin del hombre, una reciprocidad inane nace de ese principio como el mutuo reflejarse de dos espejos vacíos." (*Escolios I, 23*). Las recaídas de tales vacuidades sobre el plano político son igualmente inaceptables para Gómez Dávila: "Las democracias describen un pasado que nunca existió y predicen un futuro que nunca se realiza." (Escolios II, 424). Esto hace que las "democracias empíricas vivan bajo permanente alarma, tratando de eludir las consecuencias de la democracia teórica." (*Escolios II, 424*). Pero su inconsistencia teórica produce una infinidad de debilidades empíricas: "Mientras más graves sean los problemas, mayor es el número de ineptos que la democracia llama a resolverlos" (*Escolios I, 30*).

Otro adversario predilecto de Gómez Dávila es la idea de igualdad: "Los hombre son menos iguales de lo que dicen y más de lo piensan" (*Escolios I, 455*). Aunque "Si los hombres nacieran iguales, inventarían la desigualdad para matar el tedio" (*Escolios II, 316*). Hoy, además, teniendo en cuenta los efectos de la sociedad metropolitana de masas, constatamos la amarga previsión de sus hipótesis: "El cristal de la civilización es fusible a una determinada densidad demográfica" (*Escolios I, 421*). Por lo tanto: "Las jerarquías son celestes. En el infierno todos son iguales" (*Escolios II, 396*). Por esta razón "Sólo la muerte es demócrata" (*Escolios I, 462*). Y aún más, en un escandaloso crescendo: "Razón, Progreso, Justicia, son las tres virtudes teologales del tonto" (*Escolios II, 204*).

En fin, Gómez Dávila ataca con furor iconoclástico todas las ideas políticas de las cuales puedan derivarse ideales y por tanto ideologías. "Todo individuo con 'ideales' es un asesino potencial" (*Escolios I, 325*). También el "fin de las ideologías" es el nombre con que celebran el triunfo de una determinada ideología" (*Escolios I, 463*). "La retórica es la única flor del jardín democrático" (*Escolios II, 428*).

LA ARISTOCRATICA SOLEDAD DE LA INTELIGENCIA

Antes que de una fe, o de un pensamiento, esta intransigente demolición brota del simple ejercicio de la inteligencia. Desde preámbulo literario Gómez Dávila confiesa: "Imposible me es vivir sin lucidez" (Notas, 15), pero con el tiempo se da cuenta de que "sin prostituir la inteligencia, no es posible hacer triunfar una causa ante los tribunales de este siglo" (Escolios II, 208), luego de buena gana volverá a este argumento, retomándolo como una exhortación dirigida a sí mismo para no bajar el umbral de la vigilancia crítica, para alimentar hacía cada cosa el carcoma de la interrogación y la sospecha: "Pensar suele reducirse a inventar razones para dudar de lo evidente" (Escolios I, 24). De aquí su incansable batalla contra la somnolencia de la razón, que asecha aún a las mentes más refinadas e inclusive al filósofo: "Las ideas tontas son inmortales. Cada generación las inventa nuevamente" (Escolios II, 80). Por eso su seguridad de representar a una aristocracia cuyo privilegio es inalienable; la aristocracia de la inteligencia. Desde la cima de esta posición, declara con un toque de arrogante superioridad: "Las ideas tiranizan al que tiene pocas" (Escolios I, 351). O también:"Para que la idea más sutil se vuelva tonta, no es necesario que un tonto la exponga, basta que la escuche" (Escolios I, 380). O también: "Para castigar una idea los dioses la condenan a entusiasmar al tonto" (Escolios II, 355) Y aún más, " nada más superficial que las inteligencias que comprenden todo" (Escolios II, 487). Por tanto hay que estar siempre alerta porque "la frontera entre la inteligencia y la estupidez es movediza" (Sucesivos Escolios, 94).

Siguiendo este camino de selección, se llega, fatalmente, a eliminarlos todos y a aspirar a una forma de vida y de pensamientos insulares. Solamente si se mantiene una posición solitaria es posible evitar el compromiso y la contaminación: "La lucha contra el mundo moderno tiene que ser solitaria. Donde haya dos hay traición" (Escolios II, 260) Al que logra elevarse a este plano, se le abren en compensación las puertas de la literatura y del pensamiento de todos los tiempos: "La literatura toda es contemporánea para el lector que sabe leer" (Escolios I, 57). Lo mismo es válido para la filosofía. Obviamente no aquella de los historiadores de la filosofía que tiene la misión cuando lo logra –de embalsamar las ideas, ni aquella de la universidad donde "la filosofía solo invierna" Escolios II, 407); sino aquella perenne, ardiente, no compuesta de soluciones sino de interrogaciones que flagelan la existencia: "Los problemas metafísicos no acosan al hombre para que los resuelva, sino para que los viva" (Nuevos Escolios I, 56). Conviene aquí conocer nuestras limitaciones de época: para Gómez Dávila volvimos a caer en una de aquellas épocas en las que del filósofo no debemos esperar ni una explicación del mundo, ni su transformación, sino poder construir un refugio cualquiera contra la inclemencia del tiempo.

EN EL MAR DE LA HISTORIA

"¿Hacia donde va el mundo? Hacia la misma transitoriedad de donde viene" (Escolios II, 267). Aletea, en algunas partes, de la obra de Gómez Dávila un aliento de escepticismo sugerido por la evidencia de lo finito, del fatalismo y de la historia. En el mar del devenir aún los inmutables llegan al ocaso, y ninguna solución puede ser definitiva: "Los verdaderos problemas no tienen solución sino historia", por esto solamente la historia, envolviéndolo todo, resulta capaz de la totalidad. La filosofía es a lo mas " el arte de formular lucidamente problemas", mientras "inventar soluciones no es ocupación de inteligencias serias" (Escolios Ii, 54). Y mas aun "Las soluciones son las "ideologías" de la estupidez" (Escolios II, 88). Escondida entre glosas encontramos una preciosa referencia autobiográfica, para situar estos juicios: "Mis santos patrones: Montaigne y Burckhardt" (Escolios I, 428), y otra igualmente elocuente y descripción de la propia manera de proceder en donde la duda y el escepticismo son utilizados, a sabiendas, como banco de pruebas de la idea:`"Historia, critica, filosofía. El método que intento practicar consiste en un proceso trifásico" (Escolios II, 65). Pero al final Gómez Dávila debe confesar; "He visto la filosofía desvanecerse poco a poco entre mi escepticismo y mi fe" (Sucesivos Escolios, 127). Nos preguntamos entonces: llegaremos jamás a los atolones de verdad en el océano de la perspectiva histórica? La respuesta, trayendo una imagen heideggeriana, denuncia la aporia del modernismo: "Las imágenes convergen todas hacía una sola verdad – pero las rutas han sido cortadas" (Escolios I, 28).

LA CERTEZA DE LO ETERNO

Gómez Dávila nutre su inamovible certeza que además del fluir destructivo del tiempo que arrasa, perdura lo Eterno: " La verdad esta en la historia, pero la historia no es la verdad" (Escolios I, 245). O también: "Los valores como las almas para el cristiano, nacen en la historia pero son inmortales" (Escolios II, 274). Por esto él se pronuncia a favor de la metafísica, exhortando al hombre al vertiginoso camino hacía la trascendencia para darle sentido al mundo: "Todo es trivial si el universo no esta comprometido en una aventura metafísica" (Escolios I, 30). De esto se deriva para el pensamiento una misión precisa: "La filosofía debería tan solo describir; pero si quiere predicar que predique lo eterno" (Notas, 45). Este audaz salto está estrechamente ligado al concepto de la reacción de Gómez Dávila. Ser reaccionario para él significa: " comprender que el hombre es un problema sin solución humana" (Nuevos Escolios II, 124), o sea postular a Dios sin ambages: "la verdad de todas las ilusiones" (Escolios II, 93), y por ende la religión. Esta última, sin embargo, " no explica nada, sino complica todo" (Escolios I, 282) porque "en el océano de la fe se pesca con una red de dudas" (Nuevos Escolios I, 75)

Gómez Dávila pose la singular capacidad de convencernos que creer en Dios es un acto filosófico y que hacer filosofía es imposible sin la fe. Inventa, para vencer nuestra resistencia, una genial interpretación del celebre principio de San Anselmo: "Credo ut inteligam. Traduzcamos así: creo para volverme inteligente" (Escolios II, 89). Y nos explica; "Dios no pide sumisión de la inteligencia, sino una sumisión inteligente" (Escolios II, 474). Si le hacemos esta concesión, él inmediatamente extrae consecuencias comprometedoras: "El cristianismo no enseña que el problema tenga solución, sino que la invocación tiene respuesta" (Nuevos Escolios I, 33), por lo tanto "Todo fin diferente de Dios nos des-

honra" (Escolios I, 18). Pero también evidencias subli-
mes: "Tan solo para Dios somos irreemplazables" (Escolios II, 341). Con una consecuencia que no es
irrelevante dado su modo de hacer filosofía: "Solo nos
convence plenamente la idea que no necesita argumentaciones para convencernos" (Sucesivos Escolios,
99). O mejor aun: "De lo importante no hay pruebas,
sino testimonios" (Nuevos Escolios I, 49).

La duda siniestra de Nietzsche, que ha marcado con
su negatividad al mundo moderno apenas lo roza: "La
muerte de Dios es opinión interesante, pero que no
afecta a Dios" (Escolios I, 427). Gómez Dávila resolvió
de manera perentoria el problema de la desubicación
del hombre moderno anclándose a una raíz antigua: "
el catolicismo es mi patria" (Escolios I, 179). En este
caso su adhesión no es yacente sino que dá cuerpo a
un espíritu fundamentalmente rebelde. "Catolicismo"
tiene para él un significado mucho mas amplio que
"Iglesia Católica" especialmente después de la secula-
rización que movió el centro de la trascendencia a la
posición del cristiano en el mundo, y declinó la verti-
calidad de lo sacro en una constante humanitaria que
utiliza el vocabulario cristiano con fines sociales, y de
esta manera transformó la imitación de Cristo en una
parodia de lo divino. Para él, por el contrario, "la verdadera religión es monástica, ascética, autoritaria, jerárquica" (Escolios II, 94).

En consecuencia, critíca y se opone con decisión a la
Iglesia pos-conciliar que quiere ponerse al día con la
época: "La religión no se originó en la urgencia de asegurar la solidaridad social, ni las catedrales fueron cons-

truidas para fomentar el turismo" (Escolios I, 29). "No
habiendo logrado que los hombres practiquen lo que
enseña, la Iglesia actual ha resuelto enseñar lo que
practican" (Escolios I, 439). "La Iglesia contemporánea
practica preferencialmente un catolicismo electoral.
Prefiere el entusiasmo de las grandes muchedumbres
a las conversiones individuales" (Sucesivos Escolios,
176). Y peor aun: "Pensando abrirle los brazos al mundo moderno, la Iglesia le abrió las piernas" (Escolios
II, 126). Naturalmente Gómez Dávila no deja de reco-
nocerse en el catolicismo: "Lo que se piensa contra la
Iglesia, si no se piensa desde la Iglesia, carece de interés" (Escolios I, 170). Pero con una sutil y paradójica
aclaración: "Mas que cristiano, quizá soy un pagano
que cree en Cristo" (Escolios I, 316).

PIEDRECILLAS LANZADAS AL ESPIRITU DEL LECTOR

Gómez Dávila no parece haberse preocupado demasiado por su éxito. Y la manera casi clandestina como
publicó su obra, ciertamente no ha contribuido a di-
fundirla. No es que el autor haya descuidado a sus
lectores, al contrario, convencido de que " El órgano
del placer es la inteligencia" (Escolios II, 184), ha hecho lo necesario para atraerlos, buscando conferir a su
escritura y a su pensamiento una forma que diera plena satisfacción: "El libro que no divierte, ni agrada,
corre el riesgo de perder el único lector inteligente: el
que busca su placer en la lectura y solo su placer"
(Notas,11). Pero también le es claro que "las frases son
piedrecillas que el escritor arroja en el alma del lector.

El diámetro de las ondas concéntricas que desplazan depende de las dimensiones del estanque" Escolios I, 26). Por lo tanto, en el fondo, no importa que la idea tenga éxito o se vuelva objeto de atención porque "La verdad de una idea difiere de su vida y de su muerte" (Notas, 13). Aún mas, "el volumen de aplauso no mide el valor de una idea. La doctrina imperante puede ser una estupidez pomposa" (Escolios I, 14). De donde llega a la cáustica conclusión: "Tener razón es una razón mas para no tener ningún éxito" (Escolios I, 28).

Efectivamente, el mundo parece no haberse dado cuenta de su presencia, salvo pocas excepciones. Alvaro Mutis, su amigo ha escrito que su obra, "un libro inmenso" es "un territorio celosamente guardado en la penumbra" (Revista del Colegio mayor de Nuestra Señora del Rosario, No. 542, 1988, pp.23). Y García Márquez, su caballeroso adversario, en forma privada admitió: "Si no fuera comunista pensaría en todo y para todo como él".

El primero que llevó el nombre Gómez Dávila a Europa fue Dietrich Von Hildebrand, pero su sugerencia no tuvo eco. Solo mas tarde, gracias a las traducciones publicadas por Karolinger a partir de 1987, comenzó su obra a ser conocida. El impulso principal vino del escritor Botho Strauss, cuya crítica de la actualidad deja vislumbrar claramente la lectura de los Escolios. Luego Martín Mosebach, quien en el " Frankfurter Allgemeine Zeitung" publica una sugestiva narración de sus visitas a Gómez Dávila. También el dramaturgo Heiner Muller citaba con aprobación sus escritos. Y Ernst Junger, quien conocía y admiraba su obra, la define en una carta inédita, como: "Una mina para los amantes del conservatismo" (enero 12 1994).

Cierto es que las frases de Gómez Dávila realmente forman una obra inclasificable que no tiene punto de parangón. Por su pesimismo exasperante, la intransigencia de sus juicios, y la escandalosa arrogancia de sus dogmas recuerda a Cioran o a Caraco, pero ella no se nutre de amargura o de nihilismo, sino de fe luminosa y férreas certezas. Tiene en común con pensadores como De Maistre o Donoso Cortes, la indestructible convicción en las verdades tradicionales, pero no tiene la periodicidad vasta y lenta de la prosa del ochocientos, al contrario esta llena de ánimo, de desencanto, de espíritu rebelde y lucidez.

En resumen, Gómez Dávila, es sin duda uno de los mas originales solitarios del siglo XX, que interpretó el rol del filósofo-escritor en el mundo moderno en un estilo incomparable, cultivando al mismo tiempo la herencia griega y el espíritu de Chartres. Como este, él no se sentía voz de su época, sino un solitario de Dios, un ángel cautivo en el tiempo.

FRANCO VOLPI *es profesor de filosofía en la universidad de Padua. Ha enseñado también en la Universidad de Witten/ Herdecke en Alemania (1991-1997) y ha sido profesor invitado de las de Laval (Canada), Niza, Valparaíso y Santiago de Chile. Ha obtenido los premios literarios "Montecchio" (1989), "Capo Circeo"(1997), y "Nietzsche"(2000).*

Autor de estudios que van desde la filosofía antigua hasta el pensamiento contemporáneo, tales como: "Heidegger e

*Brentano" (Cedam, Padua, 1976); " La rinascita de la filoso-
fía pratica in Germania" Francisci, Albano 1980); "Heidegger
e Aristotele" (Daphe, Padua 1984); "Lexicon der
philosophischen Werke" (Kroner, Stuttgart 1988); "Storia della
filosofía"(Laterza, Roma-Bari 1991; con E. Berti); "Il
nichilismo" (Laterza, Roma-Bari,1996); "I prossimi Titáni.
Conversación i con E. Junger" (Adelphi, Milan 1997; con A.
Gnoli; trad.española "Los titanes venideros", Península, Bar-
celona, 1998); "Grosses Werklexicon der Philosophie" (2 vol.,
Corner, Stuttgart 1999); "Dizionario delle opere filosofiche"
(B.Mondadori, Milan 2000); entre otros.*

*Ha dirigido para el Editorial Adelphi la edición italiana de
las obras de Heidegger (1987) y Schopenhauer(1996-) Ha editado de Schopenhauer:Die Kunst, Recht zu behalten (Insel,
Frankfurt a. M., 1995; trad. española: El arte de tener razón,
Alianza, Madrid, 2001; Die Kunst glucklich zu sein (Beck,
Munich, 1999; trad. española El arte de ser feliz (Herder, Bar-
celona,2000)*

*Antiguo becario de la Fundación Alejandro von Humboldt,
Franco Volpi es también socio ordinario de la Academia Olím-
pica y miembro de la consulta científica de las revistas:
"Philosophischer Literaturanzeiger", "Brentano Studien",
"Husserl Studies", Heidegger Studies", "Les etudes Philosophi-
ques", "Internationale Zeitschrift fur Philosophie", "Revue de
Metaphisique et de Morale".*

BIBLIOGRAFÍA

OBRAS COMPLETAS

Notas I. México, 1954 (Edición no comercial).
Textos I. Editorial Voluntad, Bogotá, 1959.
Escolios a un Texto Implícito. 2 vol. Instituto Colombiano de Cultura, Bogotá, 1977.
Nuevos Escolios a un Texto Implícito. 2 vol. Procultura, Presidencia de la República, Nueva Biblioteca de Colombiana de Cultura, Bogotá, 1986.
"De iure". *Revista del Colegio Mayor de Nuestra Señora del Rosario*, LXXXI, No. 542, Bogotá, abril-junio 1988. pp. 67-85.
Sucesivos Escolios a un Texto Implícito. Instituto Caro y Cuervo, Bogotá, 1992.
"El Reaccionario Auténtico". *Revista de la Universidad de Antioquia*, No. 240, Medellín, abril- junio 1995, pp. 16-33.

TRADUCCIONES

Einsamkeiten. Glosen und Text in einem. Traducción de Gunther Rudolf Sigl, epílogo de Franz Niedermayer, Karolinger Verlag, Wien, 1987.
Auf verlorenen Posten. Neue Scholioen zu einem inbegriffenen Text. Traducción de Michaela Messner, ensayo de Francisco Pizano De Brigard, Karolinger Verlag, Wien, 1992.
Aufzeichnungen des Besiegten. Fortgesetzte Scolien zu einem inbegriffenen Text. Traducción realizada por Gunther Maschke, epílogo escrito por Martín Mosebach, Karolinger Verlag, Wien-Leipzig, 1994.
"Aphorismen", *Der Pfahl. Jahrbuch aus des Niemandland zwischen Kunst und Wissenschaft*, VIII, 1994, pp. 145-146.

"Il Vero Reazionario", *Cristianita*, XXVII, No. 287-288, Piacenza, marzo-abril 1999, pp. 18-20.

"Io, il Nietzsche di Bogotá". *La Repubblica*, Roma, diciembre 18, 1999.

"Mille le Verita, Uno Solo l'Errore". *Surplus*, I, 4, 1999, pp. 58-61.

"Antología Daviliana", *Percorsi di política, cultura, economia*, IV, Roma, febrero 2000, p. 47.

In Margine a un Testo Implicito. Traducción de Lucio Sessa, epílogo de Franco Volpi, Adelphi Edizioni S.P.A., Milano, marzo 2001.

"Vi Fulmino con una Frase", *Class–C/O Grupo Edit. Class*, julio 1, 2001, pp. 56.

ESCRITOS SOBRE EL AUTOR Y SU OBRA

AA.VV., "Homenaje a Nicolás Gómez Dávila". *Revista del Colegio Mayor de Nuestra Señora del Rosario*, LXXXI, No. 542 Bogotá, abril-junio 1988. Comprende escritos de ALBERTO ZALAMEA: "Homenaje a Nicolás Gómez Dávila", p.7; FRANCISCO PIZANO DE BRIGARD, "Semblanza de un colombiano universal–Las claves de Gómez Dávila", pp. 9-20; HERNANDO TÉLLEZ, "La Obra de Nicolás Gómez Dávila, una dura punta de diamante", pp. 21-21. Alvaro Mutis, "Donde se Vaticina el Destino de un Libro Inmenso", pp. 23-25; J.G. COBO BORDA, "Escolio a los Escolios", pp. 26-30; GERD-KLAUS KALTENBRUNNER, "Un pagano que cree en Cristo. El antimodernista colombiano Nicolás Gómez Dávila en alemán", pp. 31-33; ADOLFO CASTAÑON, "Retratos de un pastor de libélulas: Nicolás Gómez Dávila", pp. 34-37; NICOLÁS GÓMEZ DÁVILA, Antología: Notas pp. 38-44; Textos, pp. 45b-55; "Escolios inéditos", pp.56-58;"De iure", pp. 59-85.

ACERO MONTEJO, MAURICIO, "Nicolás Gómez Dávila, escepticismo renacentista". *El Tiempo*, Lecturas Dominicales, Bogotá, enero 2, 1995, p. 12.

ANÓNIMO, "Buscando a 'Colacho'". *Semana*, No. 582, Bogotá, junio 29, 1993, pp. 84-87

ANÓNIMO, "El pensador incansable: Nicolás Gómez Dávila", *Semana*, No. 629, Bogotá, mayo 25, 1994, pp. 76-78.

BASILI, DINO, "Gli 'Escolios' di un ventesimo secolo che naufraga". *Il Gazzettino*, Venecia, mayo 13, 2001, pp. 15.

—"Il ventesimo secolo? Naufragio senza fine". *Gazzetta del Sud*, Messina, mayo 8, 2001, pp. 15.

BOZZO, GIANNI BAGET, "Contro la modernità. Dalla testa di Nietzsche è balzato fuori il cattolicesimo mistico de Gómez Dávila". *Il Tempo*, Roma, junio 30, 2001, pp. 15.

CANTÓNI, GIOVANNI, "Gómez Dávila il conservatore". *Secolo D'Italia*, mayo 1999.

—"Gómez Dávila, certosino dell'altopiano", *Percorsi di política, cultura, economia*, IV, Roma, febrero 2000.

—"Un controrevoluzionario cattólico iberoamericano nell'eta della Rivoluzione culturale: il 'vero reazionario' posmoderno Nicolás Gómez Dávila". *Cristianita*, XXVII, No. 298, Piacenza, marzo-abril 2000, pp. 7-16.

—"Il reazionario di Bogota". *Secolo d'Italia*, Roma, mayo 15, 2001, pp.15.

CATTABIANI, ALFREDO. "Gómez Dávila, Il Pascal colombiano che rifiuto il pensiero 'corretto'". *Avvenire*, Milán, mayo 12, 2001, pp. 23.

COBO BORDA, JUAN GUSTAVO, *La tradición de la pobreza*. Carlos Valencia Editores, Bogotá, 1980.

—*La otra literatura latinoamericana*. Procultura–Colcultura– El Ancora, Bogotá, 1982.

—"El Solitario entre libros". *El Tiempo*, Lecturas Dominicales, Bogotá, marzo 15, 1992, pp. 8-10

—"Gómez Dávila; un pensador solitario". *Cambio 16*, No. 50, Bogotá, mayo 23, 1994, pp. 61-61.

COTRONEO, ROBERTO, "Geniale, cuasi banale. Nicolás Gómez Dávila, 'In Margine a un Testo Implicito'". *L'Esspreso*, Roma, mayo 3, 2001, pp. 133.

DUQUE TORRES, OSCAR, "Nicolás Gómez Dávila: el último humanista". *Cromos*, No. 3983, Bogotá, mayo 25, 1994, pp.66-71

—"Nicolás Gómez Dávila: la pasión del anacronismo". *Boletín Cultural y Bibliográfico de la Biblioteca Luis Ángel Arango*, XXXII. No. 40 Bogotá, 1995. Fotografías de Ernesto Monsalve.

FONTANESI, ROBERTO, "Fucilate Sul '900, dal suo margine", *L'Eco di Bergamo*, julio 18, 2001, pp.38. Bérgamo.

GALINDO HURTADO, MAURICIO, *A reactionary in the Andes: an intellectual biography of Nicolás Gómez Dávila*. University of Sussex, tesis, 1999.

—"Un pensador aristocrático en los Andes: una Mirada al pensamiento de Nicolás Gómez Dávila". *Historia Crítica, Revista del Departamento de Historia de la Facultad de Ciencias Sociales de la Universidad del Los Andes*, No. 19, Bogotá, enero-junio 2000, pp. 13-26.

—"El juego de la lucidez". *La Nota*, No. 57, Bogotá, agosto 2000, pp. 86-88.

GIANFRANCESCHI, FAUSTO, "Aforismi del buon pensiero". *Il Tempo*, Roma, abril 27 2001, pp. 13.

GIVONE, SERGIO, "La ragione? Fa luce, ma nello spazio del mistero", *l'Unita*, Roma, abril 28, 2001, pp. 23.

GUERRERO, ARTURO, "Aproximación a Nicolás Gómez Dávila. Descubrimiento de un pensador". *El Tiempo*, Lecturas Dominicales, Bogotá, septiembre 2, 1995, pp. 2-3.

—"Nicolás Gómez, dos años con los héroes". *La Prensa*, mayo 15, 1996. ?Manizales

IADICICCO, ALEXANDRA, "Goméz Dávila,Solo contro tutti". *Il Giornale*, Milán, mayo 4, 2001, pp. 32.

—"Aforismi due volte segreti". *Famiglia Cristiana*, mayo 27, 2001, pp. 125.

JUNGER, ERNST, "Carta a Hellmut Seeger". enero 12, 1994.

KALTENBRUNNER, GERD-KLAUS, "In Heide, des an Christus glaubt. Der kolumbianische antemodernist Goméz Dávila auf deutsch". *Rhein-Neckar-Zeitung*, diciembre 24 1987, traducido al español: "Un pagano que cree en Cristo. El animodernista colombiano Nicolás Gómez Dávila en alemán".

—"Nicolás Gómez Dávila wenn Systeme verlehen uberdauern Aphorismen. Eine cristliche Kathedrale uber heidnischen Krypten". *Von Geist Europas*, II, Mut Verlag, Asendorf, 1989, pp. 518-522

—"Antimodernismus in Aphorismen. Hinweis auf Ehrenrettung des 'Reaktionars'". *Saka–Informationen*, enero 1994, pp.,16-18. (lugar?)

KUEHNELT-LEDDIHN, ERIK VON, "Der Geist steht rechts – das lebenwerk des Nicolás Gómez Dávila". *Theologisches–Katholische Monatsschrift*, abril 25, 1995.

MARCOALDI, FRANCO, "Il solitario di Bogotá". *La Repubblica*, abril 6, 2001, p. 49.

MAURER, REINHART, "Nicolás Gómez Dávila: Einsamkeiten

Glossen und Text in einem". *Philosophische Rundschau*, XXXVI, J.C.B. Mohr (Paul Sebeck), Tubingen, !989, pp. 150-155.

—"Reaktionare Postmoderne – Zu Nicolás Gómez Dávila, Aufklarung und postmoderne. 200 Jahre nach franzosischen Revolution das Ende aller aufklarung?". *Frei Akademie*, Berlín, 1991, pp. 139-150.

—"Postmodernidad reaccionaria". *El Tiempo*, Lecturas Dominicales. Traducción de Carlos Gutiérrez, Bogotá, junio 26, 1994, p. 4.

MOLANO GUZMÁN, RAFAEL, "La pasión por los libros". *Revista Diners*, No. 325, Bogotá, abril 1997, pp. 58-59.

MORRA, GIANFRANCO, "Fucilate di un cattólico fai da te". *Libero*, Milán, mayo 22, 2001, pp. 20.

MOSEBACH, MARTÍN, "Nicolás Gómez Dávila, Eisamkeitem". *Schopenhauer – Studien* IV, 1991, pp. 315-138.

—"Auf verlorenem Posten. Der kolumbianische Aphoristiker Gómez Dávila". *Frankfurter Allgemeine Zeitung*, diciembre 9 1993. Luego como, "Ein besuch bei Nicolás Gómez Dávila", epílogo al *Aufzeichnungen des Besiegten. Fortgesetzte Scholien zu inem inbegriffenen Text*, de Nicolás Gómez Dávila. Citada, pp. 109-115

—"Visitante Alemán". *El Tiempo,* Lecturas Dominicales, Bogotá, junio 26, 1994, p. 5.

—"Der Zeitfremdling". *Frankfurter Allgemeine Zeitung*, junio 9, 1994.

NIEDERMAYER, FRANZ, "Uber Nicolás Gómez Dávila", epílogo a *Eisemkeitem. Glosen und Text in einem*, de NICOLÁS GÓMEZ DÁVILA, citada, pp. 169-181.

OVIEDO, JOSE MIGUEL, "Un ilustre desconocido". *Breve historia del ensayo latinoamericano,* Alianza Editorial, Madrid, 1991, pp. 150-151

PIZANO DE BRIGARD, FRANCISCO, "Semblanza de un colombiano universal. Las claves de 'Colacho' Gómez". *El Tiempo,* Lecturas Dominicales, Bogotá, marzo 6, 1988, p.4.

—"Una obra que se abre paso". *El Tiempo*, Lecturas Dominicales, Bogotá, junio 26, 1994, p. 4.

QUEVEDO, AMALIA, "¿Metafísica aquí? Reflexiones preliminares sobre Nicolás Gómez Dávila". *Ideas y Valores,* No. 111, Universidad Nacional, Bogotá, diciembre 1999, pp. 79-88.

REALE, GIOVANNI, "Nicolás Gómez Dávila: un aforista a corpus unico". *Il Sole 24 Ore*, Milán, agosto 19 2001, pp. 21

STRAUSS, BOTHO, "Der aufstand gegen die sekundare Welt", *Die Zeit*, junio 22 1990. Luego, "Der aufstand gegen die sekundare Welt", *Hanser*, Munchen 1999, pp. 37-53s
—"Anschwellender Bockgesang", *Der Spiegel* No. 47, febrero 8 1993, pp. 202-207. (versión reducida). En *Die selbstwusste Nation*, "Anschwellender Bockgesang und weitere Beitrage zu einer deutschen Debatte", Heimo Schwilk, Ulrich Schacht, Ullstein (curadores) Berlín 1994, pp 19-40 y en B.Strauss, "Der aufstand gegen die sekundare Welt", citada 55-78.

SEVERINO, EMANUELE, "Gómez Dávila, l'universo visto in sogno". *Corriere della Sera*, Milán, mayo 6, 1001, pp. 31.

VACCA, NICOLA, "Frammenti di antimodernismo". *Secolo d'Italia*, Roma, junio 2, 2001, pp. 17.

VOLKENING, ERNESTO, "Anotado al margen de 'El reaccionario' Nicolás Gómez Dávila". *Eco. Revista de la cultura de Occidente* No. 205, Bogotá junio 1978, pp. 95-99

VOLPI, FRANCO, "Nicolás Gómez Dávila", en, *Grosses Werklexicon der Philosophie*, 2 vol. (curador F. Volpi) Kroner, Stuttgart, 1999, vol. I pp. 580-581
—"Nicolás Gómez Dávila: il perfetto reazionario", *Surplus*, I, abril 1999, pp. 55-61.

"Nicolás Gómez Dávila", en *Dizionario delle opere filosofiche*, Bruno Mondadori, Milano, 2000. pp. 439-441.
—"Un angelo prigionero nel tempo, epílogo a *In margine a un testo implícito* de Nicolás Gómez Dávila". Citada pp. 159-183

ZALAMEA, ALBERTO, "Homenaje a Nicolás Gómez Dávila". *Revista del Colegio Mayor de Nuestra Señora del Rosario*, LXXXI, No.542, Bogotá, abril-junio 1988, p. 7.
—"Te Bautizó con 'B' Mayor", *La Tadeo. Revista Universidad de Bogotá Jorge Tadeo Lozano*, No. 65, Bogotá, primer semestre 2001.